# 校《こう》閲《えつ》至《し》極《ごく》

毎日新聞校閲センター

毎日新聞出版

# 校閲至極

目次

## 第1章 校閲って何？

## 第2章 同音の語があふれている



## 第3章 カタカナ語の落とし穴

## 第4章　「いかにもありそう」が命取り

## 第5章　問題は言い回しにあり!?

## 第6章
## 辞書の中の奥深い世界

## 第7章　ところ変われば……



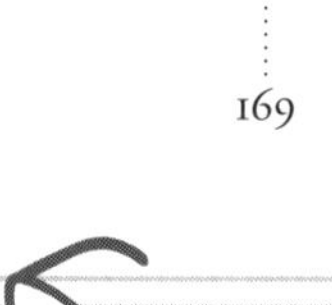

第8章

# 名前は唯一無二のもの

## 第9章 確認は文字だけ？ いえ無限です

# 第1章

# 校閲って何？

# 「校閲ガール」河野悦子よ、なぜスルー

「校閲です」
「コーエッ？」
「コーは学校の校でエッは門構えの」
――これは、3〜4年前に毎日新聞でそれとなく始まり、さりげなく終わった月1回の目立たないコラムで、最初に取り上げた会話である。「コーエッ」の漢字説明に苦労し、「門構えに兌換《だかん》紙幣の〝ダ〟です」と説いてさらに相手を困惑させてしまう悩みをつづった。「校閲」そのものが世間にあまり認知されておらず、常用漢字でありながら「閲」の字を分かってもらうのが難しかったのだ。「悦楽の〝エッ〟の右側」と言えばいいと助言を受け、コラムのタイトルが「校閲の悦楽」となった経緯もある。

そんな環境が一変した。「校閲ガール」の登場である。宮木《みやぎ》あや子さんの同名小説が日本テレビ系で3カ月のドラマとなった２０１６年秋、主人公「河野悦子」を演じる石原さとみさんのおかげで、以後「校閲」を一から説明する必要がなくなった。

出版社が舞台なので、やや異なるとはいえ、新聞校閲と本質は同じ。事実確認を徹底する河野悦子の行動力とその執念は、毎度ながら見習うべき姿勢と感服していた。テレビのタイトルは「地味にスゴイ！校閲ガール・河野悦子」。ファッションも含め、全く地味ではないドラマだった。

好評につき、2時間スペシャルが２０１７年9月に放送された。河野悦子は他職場に異動しているが、街の看板の誤りをいくつも瞬時に見破り、校閲魂を失っていない。

しかし、東京の奥多摩を1日で回る企画の雑誌記事で事実確認をしようと校閲の仲間たちと現地へ向かったバス停のシーンで私の目は留まった。鍾乳洞行きを示す「奥多摩駅発車予定時刻表」が2秒間アップで出てくる。

「鍾乳洞」

だが、河野悦子は何も言わない。同僚たちもスルー。どうして「鍾乳洞」の誤りとツッコまない。

『大字典』によれば、「鐘」は「ツリガネ」で、「鍾は別」と注意書きがある。「鍾」を引くと「一種の酒器」とあり、同様に「鐘は別」と付されている。ちょっと見は似ていても、これは別字なのだ。ありがちな間違いの一例として、校閲に関わる者ならつい「鐘乳洞」には目が吸い寄せられてしまう。これは一種の職業病といえよう。その後のドラマの展開は上の空である。

さて、河野悦子に負けじというわけではないが、校閲の連載を始めることになった。毎日新聞の校閲記者数人が持ち回りで、さまざまな題材を面白く、あるいは深く鋭く解く……つもり。読者から情報や感想をいただければ校閲至極、いや恐悦至極だ。

（2018年6月10日　林田英明）

奥多摩にはこんな手書きの看板も……
（岩佐義樹撮影）

# 閲の字は一つ一つ調べること

小学生向けのオンラインイベントに校閲記者として出ました。

校閲の「閲」は小学校で習う漢字ではありません。そこで、まずは閲の字の説明を通して校閲の仕事を紹介しました。

「門という字は知っているでしょう。この『門』が付く字を『門構え』といいます。そして『閲』の字は、門のところで悪いやつが入ってこないように調べることを表す字のようです」

「校閲というのは門番みたいな仕事ですね」というスタッフの合いの手に「その通りです。原稿の文章や地図、写真などを調べて、『通ってよし』となったら、皆さんのおうちに新聞という情報を届けるんです」と応えます。

単純化して「悪いやつ」などと言いましたが、『学研漢和大字典』によると閲は

「門の所で身体検査をして、容疑者をぬき出すことをあらわす」とあります。そこまで具体的に説明する辞書は実は珍しいのですが、少なくとも漢字の成り立ちから「一つ一つ調べる」というニュアンスがあったことは間違いないようです。

では校閲の「校」は。『漢字ときあかし辞典』(円満字二郎著、研究社)によると、「木を交差させる」ところから「二つのものを突き合わせて比べる」という意味が生じたそうです。校正は二つのもの、つまり原稿や資料とそれをもとにした試し刷りとの突き合わせを通して、間違っている部分を見つけ正す作業というわけです。まさに、漢字そのものが校閲という仕事の内容を示しているといえます。

さて、イベントでは字の間違いなどを仕込んだ問題をいくつか出題しました。たとえば文例の中に「冒険」という字がありましたが、これは正しいでしょうか。

はい、正しい字です。もしかしたら「冒検」かなと思った人がいるかもしれませんが、冒険は「危険を冒す」ことです。だから危険の険と同じ字です。

(ここから先は実際にはしゃべりませんでしたが、質問が出たときのために用意しました)

では探ケンは?

これは昔から両方書かれてきたようで「探検」「探険」のどちらも正解です。ただ新聞では「探検」に統一しています。なぜ冒険は険なのに探検は検を選ぶのでしょう。探検の検は「検査」「検索」の検でもあり「調べる」という意味があります。探検は単に危険を冒すアドベンチャーではなく、「調査」の意味あいがあるということから「探検」がふさわしいといえるのです。

イベントの後で「漢字を間違えないようにするには」と聞かれ、「部首や意味と関連付けて覚えたらいいのでは」と回答しました。普段は何も考えず書いている漢字も、小学生の頭になって学び直すと脳の活性化になるかもしれません。

（2021年7月4日　岩佐義樹）

# 守備範囲は無限　多様な面で苦闘

「食卓の一品」から「宇宙の起源」まで、私たちの仕事の守備範囲は果てしなく広いと言っても過言ではありません。

それを実感できるのが、新聞社の校閲らしい「遊軍」勤務です。もちろん繁忙時には必要に応じて「ニュース面」の担当になりますが、平常時には「オピニオン面」「特集面」「くらしナビ面」など、作業が集中して大変そうなところを見計らっては、当日物以外のさまざまな紙面の校閲を黙々とこなす「名脇役」のような仕事です（と私は思っています）。当日は何が読めるのかワクワクしますが、内容によっては塗炭の苦しみを味わうこともあります。

たとえば「くらしナビ面」の校閲を何枚かフォローすると、「食卓の一品」にも必ず目を通すことになります。実はここは校閲の基本が試されるコーナー。まずは

「ダイコンの拍子切り」という表記にしっかり（拍子木の形に切るので）「拍子木切り」と赤字直しを入れ、カロリーの数値は妥当か、材料、手順に誤りはないか確認しながら読み進めます。内容を追うあまり、手順が①②③④⑥となっているのに気づくのは、単純そうで意外に大変です（⑥は⑤の誤り）。

以前、「お雑煮の作り方」で「カマボコを8センチ幅に切る」というレシピを見逃し、お餅より大きい豪快なカマボコをのせた一品を出しそうになり、冷や汗をかきました（8ミリ幅に切るが正解）。

「子どもが読んだ本の名前」を扱った特集面。映画やアニメの原作本などが広く読まれているとの解説とともに多くの作品名が列挙されています。この特集面にも登場しましたが、繰り返し誤る作品・著者名があり、気が抜けません。

『君の名は』（新海誠）、『やはり俺の青春ラブコメはまちがっている』（渡航）、『あのとき、僕らの歌声は』（AAA）……ここで3冊共通の誤りに気づいた方はいらっしゃいますか？　実は作品名の最後に「。」が入るのが正解です。

油断していると『きみの膵臓《すいぞう》が食べたい』（住野よる）、『かがみの孤城』（辻村美月）、『蜂蜜と遠雷』（恩田陸）と痛いところをついてきます。まさに薄氷を踏む思いで慎重に乗り越えていかなければならない場面です（順番に『君の膵臓をたべたい』『かがみの孤城』「辻村深月」『蜜蜂と遠雷』が正解）。

「Jリーグ選手名鑑」「日曜くらぶ」「環境面」など違うジャンルのものを読み進めるうちに、あっという間に時が過ぎていきます。

もちろん、掲載日までに複数の目を通すことが大切です。時間に余裕があっても「再発に万全を期したい」という一文が最後まで残り、「再発防止に」の直しがギリギリになってしまうことも。私たちの仕事は広いだけでなく、深いことを思い知らされる日々です。

（2020年4月5日　渡辺静晴）

# 美しい言葉見て　自然に声が出る

「むかし昔、都よりはるか遠い下野《しもつけ》の国あしかがにひとりの美しい娘がすんでいました。娘は朝から晩まで一生懸命に機《はた》を織り、その布を渡良瀬川のすんだ流れの中にさらすと、川いちめんに花が咲いたような美しさでした」

わが故郷、栃木県足利市にある足利織姫神社のホームページで紹介されている「七夕のいい伝え」の一部だ。初めて目にしたとき、美しさに見とれて声を出して読んでいた。ふだん自宅で読書をしていても、気持ちが入ってくるとつい音読してしまう。

そんな私が１９８８年に毎日新聞に入社し配属された校閲部で見たのは、自慢ののどをうならせ、朗々と原稿を読み上げる先輩たちの姿だった。広さ10畳くらいの細長い部屋。10人ほどの部員が２人１組になり、出稿部（政治部や社会部など）から送られてくる手書きの原稿と、それを活字で打ち出した紙を読み合わせる。

日本語は一つの音訓にいくつもの漢字があるから（「けん」なら犬、件、見、剣、県……）、読み手は読み上げた字が聞き手に正確に伝わるよう説明を加える。たとえば「太朗」と原稿にあれば、「太郎」と区別するため「太いに、ほがらか（朗）」と読む。「川田」なら「河田」と区別がつくよう「さんぼんがわ（川）にたんぼの田」。「智子」なら「知子」と分けて「いわく（曰）の『ち』に、こどもの子」。文芸作品と違って事実が淡々と書いてあるニュース原稿も、こうして読むと文章に独特の調子や抑揚が生まれる。これで声質に色気なんてあったら立派な芸だ。

「腕」ならぬ「のど」に覚えありの先輩方、聞き手を務めるのは30分が限度とばかり「俺にも読ませろ」と攻守交代。かくして喫煙率80％の「読み合わせ部屋」は紫煙にかすみ、のど自慢たちの声が一つに溶け合って漂うのである。

あれから33年。読み合わせ作業はなくなり、先輩方も会社を去った。今年数えで60歳の筆者が最後の「読み合わせ世代」。伝統を受け継ぎ、美しい言葉を見たら声を出していきたい。

最近、美空ひばり主演の映画『ひばりの森の石松』（１９６０年）を見た。天下一品の芸達者が演じる石松は最高に魅力的。そこで石松について調べてみると、すてきな歌に出合った。２代目広沢虎造の浪曲「清水次郎長伝」の最初の物語「秋葉の火祭り」。

「〽春の旅　花はたちばな駿河路行けば　富士のお山は春がすみ　風はそよ風茶の香が匂う　唄がきこえる茶摘唄　赤い襷《たすき》に姐《あね》さんかぶり　娘二八《にはち》（２×８＝16歳の意）のあで姿」

足利織姫神社の「七夕のいい伝え」もそうだが、こういう景色がパーッと眼前に広がる文章はいい。自然に声が出る。

（２０２１年7月18日　坂上亘）

## サワラは白身？　魚と校閲の筋肉

旬の食材で作る料理はおいしい。新タマネギ、春キャベツ――。この季節、「新」や「春」の字の入った食材を見かけると、吸い寄せられるようにかごに入れてしまう。

魚介類ならやはり鰆（サワラ）。私の出身地である瀬戸内海ではこの時期、産卵期のサワラが太平洋からやってくるため、魚へんに春と書く字の通り、サワラは春を告げる魚として親しまれている。

そんなサワラについて、先日こんな原稿に出合った。「サワラは白身の焼き魚として好まれ――」。はい、焼いたサワラのふっくら白い身、分かります。うなずきながら校閲をするが、調べると農林水産省のサイトではサワラは「赤身魚」と書かれていた。ピンクがかった生の身は、赤身の代表・マグロとは全く違う色に思える。

どうして赤身に分類されるのだろうか。

『白身の魚と赤身の魚――肉の特性』（日本水産学会編、恒星社厚生閣）には、魚は「ミオグロビンなどの筋肉色素の含量により、赤身魚と白身魚に分けられる」とあった。このミオグロビンに鍵がありそうだ。

「ミオ（myo-）」は「筋肉」の意で、ミオグロビンとは筋肉中に酸素を蓄える働きをする赤いたんぱく質のこと。この成分が多い筋肉は赤くなり、赤身魚に分類される。

『魚の大常識』（林公義監修、ポプラ社）などによれば、ミオグロビンの量、つまり筋肉の赤白の違いは魚の暮らし方と関わりがある。

人間で酸素を多く使う運動といえばマラソンなどの有酸素運動が思い浮かぶ。それは魚も同じで、回遊魚のマグロは赤い筋肉に蓄えた酸素を使い、広い海を泳ぎ続ける。いわば海の長距離ランナーだ。

他方の白身魚は移動範囲が狭い短距離ランナー。白い筋肉は瞬間的に力を使う運動が得意で、餌を取ったり危険から逃れたりする素早い動きで力を発揮する。

そしてサワラはといえば、太平洋から瀬戸内海へと海を移動する回遊魚にあたる。

この性質から肉の成分はマグロに近く、赤身魚に分類されるようだ。

　この赤身と白身の話を書きながら、「校閲者の筋肉」について考えた。私は書籍校閲の仕事を経て新聞校閲の職に就いた。書籍の仕事では数百ページの原稿を何日もかけて作業するが、新聞には毎日その日その時刻の締め切りがあり、原稿を日に何本も（大抵急いで！）読む。それまで長距離走をしていたのが急に100メートル走を始めたようだと入社した頃にはよく感じた。

　書籍校閲が赤身魚のように「長く走り続ける」筋肉を使う仕事なら、新聞校閲は白身魚のように「瞬発力で勝負する」筋肉を使う仕事といえるかもしれない。「筋肉は裏切らない」のは仕事の筋肉も同じと信じて、新年度も季節のおいしいご飯を栄養に、原稿の海で校閲筋を鍛えていきたい。

（2023年5月7・14日　山中真由美）

# 郷土史家と校閲　意外な共通点

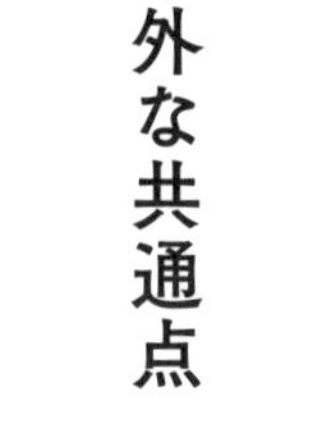


「あの映画には間違いがあるんですよ」「へっ？」

毎日新聞で紀行記事を書くことになり、訪れた北海道新ひだか町静内《しずない》地区。地元の神社で宮司をされている山田一孝さんに町を案内してもらっている最中に出た発言が冒頭のものだ。

映画とは、静内を舞台にした２００５年公開の『北の零年』。吉永小百合さん、渡辺謙さん、豊川悦司さんら超豪華なキャスティングで、兵庫県の淡路島から北海道の静内へ入植した開拓者たちのドラマを描く。山田さんは映画製作陣営に郷土史を解説され、エンドロールにも名を連ねていらっしゃるお人なのである。

「間違いと言いますと」「扶持《ふち》米って言う場面、あれは扶助米なんですよ」「はあ」

「気づいたときには手遅れだったんですがね」

扶持米とは江戸時代、幕府や諸藩の家臣に俸禄《ほうろく》として支給された米のこと。映画の中で役人が開拓者たちを前に「お前らの戸籍を作りに来た」「戸籍がなければ扶持米はもらえんぞ」と威張り散らす場面があるのだ。

「明治維新後、扶持米がもらえたのは士族になった人々だけ。北海道移住者に対しては全員に扶助米が与えられたので、移住者すべてを調査しようという場面なら、扶助米が適切でしょう」「ははあ……それって、校閲ですねえ」

言葉の誤りを正す郷土史家と校閲記者。意外なところで共通点があるものだ。

「そもそもあの場面の時期、戸籍は既に完成してたはずだと言ったんですがね。二重に間違えてるんですよねえ」「校閲ですねえ」

考えてみれば、映画やドラマの時代考証とは校閲そのものではないか。建物、衣服、道具、話し言葉、食べ物……気にしなければならないものが多すぎてめまいがする。もちろん画面に文字が映れば、文字も対象になるだろう。

記憶をたどると、自分の校閲作業でも時代考証のような出来事があった。戦時中多く作られた、自己犠牲を促すような戦争プロパガンダの書かれたポスターを毎日新聞で紹介した際、「〜自覚セヨ」と漢字カタカナ交じり文の見出しが付いた。しかしポスターの写真は漢字ひらがな交じり文（旧仮名遣い）でスローガンが書かれている。編集者に意図を聞くと、古い雰囲気を出したいためという。しかし漢字に交ぜるのがひらがなかカタカナかは時代と媒体によって違うので、イメージだけで本文や写真と違う文体の見出しを付けるのもどうか。懸念を伝えて別の見出しにしてもらった。

そういえば母親が昭和半ばごろを舞台にしたドラマを見て憤っていた。

「あんな服装、当時絶対してへんかったわ」

これも校閲ということか。

（2020年2月2日　水上由布）

## ——その原稿、「異議あり！」

「殺人事件」という言葉がテレビに、新聞に躍る。自殺や事故の可能性があったとしても、起訴すらされていなくても。殺人事件は殺人事件ではないかもしれない。そのことにどれほどの人が思いを致しているだろう。

「弁護側は、被告は殺害に関与しておらず、死因は病死だと反論した」。ある「殺人事件」の公判についての原稿に手が止まった。病死だとの主張が真実ならば、関与も何も「殺害」ではない。警察や検察の捜査結果を報道しているが、「殺人事件」であると確定してはいない。少なくとも病死と主張する文脈で「殺害」は矛盾をはらむ。

「『死亡に関与』でいいのでは？」「そうはいっても殺害で立件されているわけだから」

修正の提案にいい顔をしなかった出稿元のデスクに畳みかける。

「『推定無罪』ですよね?」「……確かに」

疑わしきは罰せず——容疑者や被告は犯人だと決まったわけではなく、再審の末の無罪判決も出ている。けれどそれまで事故死や病死は「殺人事件」として報道される。新聞が無実の人への社会的制裁に加担した歴史は確実にある。その自覚があればこそ「推定無罪」の言葉で修正は果たされた。

逮捕された人物を呼び捨てで報道していたのは決して古い時代のことではない。「容疑者」が付くようになったのは平成になってからだ。「～容疑で～容疑者を逮捕」は妙な文なのだが、そうしてまでも断定を避ける。ただその呼称も定着するほどに犯人視を弱める役割は薄れてしまう。

無策でいるわけではない。「～した」と断定するのではなく「～したとされる」と書く。公判の報道で長く使われていた「起訴事実」は「起訴内容」に。犯罪に絡んで使われがちだった「男」「女」は「男性」「女性」へと移行している。けれど使う言葉をいくら規定したところで、書き手が捜査結果をなぞってしまえば効果は薄れる。

冒頭の記事とは別の事件の公判で、原稿には「遺体を運んだ2人」とあった。だが、その2人の主張は「運んだときにはまだ生きていた」。校閲から「『男性を運んだ』が無難ではないか」と持ちかけ、直った。こうして振り返ると校閲は弁護士と似ている。世間の見方を一つ一つ疑っていく。直接捜査側、あるいは被害者の取材に関わらないからこそ持てる視点もありそうだと思う。

犯罪被害者のやりきれない思いに寄り添うことは報道の大事な役目だが、たとえ裁判の結果が有罪でも、どんなに残酷な事件でも、加害者に人権はある。世間の目が一方向に注がれていればいるほど、冷静な目が必要になる。

法廷にいる人々だけでなく、私たちもまた、真実と人権に添わねばならない職種の一つだ。

（2022年11月13日　水上由布）

## 馬琴の「校閲」誤脱多かりし

2023年の年明け早々、新型コロナウイルスに取りつかれてしまった。熱が上がってきたと思ったら、喉のいがらっぽさが激痛へと変わり、唾を飲むのも苦痛になった。数日間、布団に入りっぱなしで眠りこけた。1週間ほどで治癒したが、しばらくは元気の出ない日々が続いた。

そんな折、江戸時代の読み本作者、曲亭馬琴の長編『南総里見八犬伝』に「校閲」の文字があるのに気づいた。と言っても本編ではなく、岩波文庫の第6巻に入っている作者の「付言」の中だ。こんなところで「校閲」に出合おうとは思っていなかったので、なんだかうれしくなった。コラムのネタを見つけ、急に元気も出てきたというのだから、現金なものである。

八犬伝の時代設定では、岩波文庫6巻あたりは応仁の乱直後の文明15（1483）

年の頃に当たる。干支で言えば癸卯《みずのとう》の年。初詣で「卯年《うどし》にちなんだウサギのように飛躍する年に！」という願いをされた方もいるかと思うが、2023年も同じ癸卯である。こんなところにも、縁を感じて喜んだのであった。

それぞれ旅をしていた八犬士のうち7人が武蔵国に集まり、その一人、犬坂毛野があだ討ちの本懐を遂げたのが、その年の1月。今の暦でいえば2月中旬に当たるだろう。同じ頃には、幼子の時分に神隠しに遭って行方不明だった8人目の犬士、犬江親兵衛が少年の姿に育って現れ、ピンチに陥った主君を救うという展開もあった。

さて、「校閲」が出てきた作者の「付言」だが、作品がこのように盛り上がってきたところに付けるにはちょっと違和感がある文章だ。中国の古典を引きながら創作論に触れた部分はあるものの、版元に対する不平不満が目立つのだ。作者の知らないところで版木が売り買いされたり、勝手に旧作が改版されたりといったことの他、作者に校閲させなかったので原稿と違ってしまったなどと訴えている。こんな裏話的なことを公にするなんて、相当に思うところがあったのではなかろうか。

また、作者自らが校閲することの限界にも触れているのが興味深い。自身が何度も読み返して書いた文章なので暗記しているままに読んで間違いを見落とし「後に悔しく思う事少なからず」などと記している。短時間で作業する新聞校閲職としては「いともせわしく校閲しぬれば、見落とす誤脱多かりし」というくだりも含めて、大いにうなずいてしまうところだ。

ちなみに、この「校閲」には「こうえつ」ではなく「きやうゑつ（きょうえつ）」とルビが振ってある。「校」には「きょう」の音もあるので不思議ではないが、現代語ではない読み方だ。しかし、当コラムのタイトルのもとになった「恐悦至極」と、おかげで同じ読み方になった⁉

（２０２３年3月19日　上田泰嗣）

ゲラ（紙面点検用の刷り）を最終チェックする校閲記者
＝毎日新聞大阪本社で、林田英明撮影

# 第2章

# 同音の語があふれている

# 「～をはじめ」は始？　初？　仮名？

今年（2022年）は花粉症の症状が例年よりもつらい。目はしょぼしょぼ、鼻水ずるずる。しょっちゅうはなをかんでしまう。

そうそう、「はなをかむ」というときの「はな」は鼻水のことだから、器官の「鼻」とは区別して漢字で書くなら「洟」になる。けれども毎日新聞は原則として常用漢字表内の字を用いて書く決まりのため、常用漢字表にない洟は平仮名で。こうキッパリ理屈がつけばいいのだが――。

同僚と交代で、毎月、社内向けに用語にまつわる文書を出している。漢字の使い分けの説明や変換ミスなどのよくある間違いに注意を促す内容だ。「初め」と「始め」の使い分けを取り上げたときは、「年度始め」ではなく「年度初め」と書くということを、毎日新聞用語集（通称・赤本）をもとに説明した。そして『～をはじめとして』は平仮名」ということも書いた。

でも、この場合はなぜ平仮名？　他の新聞はというと、確認できた範囲では朝日新聞と読売新聞が「始」だった。マスコミ各社が加盟する日本新聞協会の用語集はこれには触れておらず、２０２２年春改訂の新版にも見当たらない。

答えを探すべく過去の赤本をめくる。平仮名で書くとの記述が登場するのは１９８９年版で、それ以前のものには明記されていなかった。先輩に聞いたが、当時どういう経緯で決めたのか、今となっては確かめるのも困難のようだ。その代わり、文化庁の『「ことば」シリーズ31 言葉に関する問答集15』（１９８９年）を紹介された。

問答集はまず、始と初について「両者の確実な使い分けは簡単ではない」と述べる。国語辞典を引き比べてみるも「どの漢字を使ってよいのか、あるいは、どれでもよいのかはっきりしない」と

毎日新聞用語集にはさまざまな使い分け用例がある
（高橋勝視撮影）

して、「〜をはじめ」の場合は強いて言えば始が無難だろうが、「必ずしも漢字書きの方が望ましいとも言えない。仮名書きでも十分ではあるまいか」と結んでいる。

しかし「どちらか一方の漢字に決めがたいから」という消極的な理由だけで平仮名と決めたのではない気もする。「始め」は言い換えると「開始」に（仕事始めなど）、「初め」は「最初」に取り換え可能なことが多い。しかし「〜をはじめとして」の場合は「開始」とも「最初」とも違うと思う。換言するなら「主なもの」だろう。たとえば「調査を始め、指導や助言も行う」という文だと開始の意味でも読めるし、初を使うと最初や初めてといった印象を受ける。読者に誤解を与えず、「主たるもの」だとはっきり伝えるためには、平仮名が妥当――というのはこじつけだろうか。

新人の頃は赤本のルールを覚えるので必死だった。今はその理由もあれこれ考えるアラフォー校閲記者である。

（2022年4月10日　中村和希）

# 「耳障りのいい」誤用は許さず

シム・ウンギョンさんにメロメロである。

日本でも活躍する韓国の俳優。映画『新聞記者』（２０１９年）で政権中枢の闇に迫る記者を演じ、第74回毎日映画コンクールの女優主演賞に輝いたから、多くの人にその顔と名前が知られたことだろう。そして１カ月半後の第43回日本アカデミー賞。最優秀主演女優賞に自分の名前が読み上げられた瞬間の、しばらく戸惑い「信じられない」という表情の後、涙をこらえる姿が職場のテレビに映し出されて私は仕事を忘れて見入ってしまった。

私が彼女の存在に気づいたのは遅い方だ。初期の作品『サニー　永遠の仲間たち』（２０１１年）でも、出世作『怪しい彼女』（２０１４年）でもなく、『ザ・メイヤー　特別市民』（２０１７年）からである。この映画はモラルなきソウル市長選を

描く政界サスペンス。ウンギョンさんは現職市長ジョングにスカウトされた若手広報担当キョンの役を務め、選対本部長ヒョクスとともに次期大統領選を狙うジョングの市長3選の戦いに関わっていく。その映画チラシを読んでいて、用語として気になる箇所に出くわした。

〈ジョングとヒョクスは耳障りのいい政策とクリーンなイメージ戦略の裏側で〉

「耳障りのいい」に抵抗を覚えないだろうか。『広辞苑』では「耳障り」を「聞いていやな感じがすること。聞いて気にさわること」と説明し、第6版（2008年）で「『耳障りがよい』というのは誤用」と書き加えている。そして第7版（2018年）で見出し語を立てた。

〈【耳触り】聞いた感じ。耳当たり〉

例文として「耳触りのよい言葉」も挙げて「耳障り」と「耳触り」を他の多くの辞書と同様、明確に区別した。

『日本国語大辞典』第2版は大著だけあって「耳触り」の項目も詳しい。夏目漱石の『こゝろ』(岩波書店、1914年)なども引いて、作家の自由な表現を示す。

一方、新聞の用字用語は保守的な傾向が強いから、作家などの原稿や発言の引用でもない限り「耳触り」は避けがちである。毎日新聞用語集では「耳触り」は取り上げず、「耳障り」のみ注意事項としてこう記し、書き換えを促す。

〈耳障りがよい→耳に心地よい、聞き心地のよい。「耳障り」は「聞いていて気にさわること」〉

『ザ・メイヤー　特別市民』は、対立候補に勝つため手段を選ばないジョングとヒョクスに疑問を抱いたキョンが正義感で心が揺さぶられ、取り返しのつかない事故から思いもかけないクライマックスへと向かう。

ウンギョンさん扮《ふん》するキョンが広報として当初信じていたのは「耳障りのいい政策」ではなく「耳触りのいい政策」だったということになろう。校閲としては「ま、いいいやー」と通すわけにはいかない。

(2020年4月19日　林田英明)

# 「早々」の間違い、見破ったはずが

気持ちがクサクサしたときは、何も考えずに読む漫画がいい。中央公論社の『愛蔵版　まんが道《みち》』（藤子不二雄著）1〜4巻（1986〜1987年）は合わせて4000ページを超える。兄の書棚に眠っていた初版。新型コロナウイルスの感染拡大で巣ごもりを強いられた2020年春、紙が変色した4冊を初めて開いた。

富山県出身の満賀道雄と才野茂（それぞれ安孫子素雄＝藤子不二雄Ⓐ＝さんと藤本弘＝藤子・F・不二雄＝さんがモデル）が、友情と希望を胸に漫画家の道を歩む姿が自伝的に活写されている。

週刊誌の連載をまとめているため、思わせぶりに次週へつなぐ展開が肩すかしを食う場面もあるものの、嫉妬や失意も隠さない人間くさい卑小さも読み手の心に響く。

第1巻で、２人が師と仰ぐ手塚治虫を訪問したい旨の手紙を出したところ、代理人から快諾の返信が届く。再現シーンとして手書きの現物を書き起こしているように見える「拝復」で始まる結びが「早々」になっていた。第2巻でも、漫画雑誌編集部員から2人に届いたはがきが「拝啓」で始まりながら「早々」で終わっている。

これは「草々」のつもりだったのではないか。「早々」では「急ぐさま」「すぐ」という意味にとどまるのに対し、「草々」は「手紙文の末尾に添えて、取り急いで走り書きした意を表す語」の意味も『広辞苑』では記している。音が同じなので、よく混同されるケースだ。

そこで、営業譲渡されている中央公論新社に尋ねると、書籍編集局から丁寧な返信が届いた。それによれば、中公文庫コミック版として１９９６年に『まんが道』（藤子不二雄Ⓐ著）全14巻が発刊され、現在も版を重ねているという。

コミック版で該当する第1巻と第6巻を買って確認してみた。問題のシーンでは、手塚治虫の代理人による返信部分はトリミングされ「拝復」「早々」は見えなくなっている。しかし編集部員からの「拝啓」「早々」はそのままだった。編集局では「次回の重版時に、藤子先生に念のため確認させていただく予定です」とのことだった。

と、ここまで書いてきて「待てよ」と思う。「拝啓」「拝復」で始まれば、結語は「敬具」などではなかったか。

しかし、だ。取り違えは自分の働く足元の番組紹介（毎日新聞大阪本社版2018年11月4日）でも起こってしまう。

〈ありふれた日常の中に紛れ込む非日常的な現象を指して、〝Sukoshi-Fushigi〟略してSFと、漫画家の藤子・A・不二雄さんは呼びました〉

これは、惜しくも1996年に亡くなった藤本さんの造語だったそうで、「おわび」が掲載された。今もご健在の安孫子さんにどう思われたか、私はSF（すごく不安）である。


（2020年8月9日　林田英明）


【追記】

安孫子素雄さんは2022年4月、死去。

# 汚れはスッキリ　追及にドッキリ

泡を立てながら汚れが落ちていく。お湯に溶かしたその洗浄剤は、長く使ってきた私の腕時計の金属バンドを新品のように輝かせてくれた。魔法を見ているようだ。その秘密は「酵素＋酸素のチカラ」にあるらしい。界面活性剤を使わずとも、通常の洗濯以外に換気扇やまな板、洗濯機のカビ取り、浴槽やトイレの汚れまでカバーする優れものである。

株式会社ＮＨＣ（愛知県名古屋市）の直営店舗での実演に驚きつつ、商品名をのぞき込むと「マックスエコプラス」１０００グラムの顆粒《かりゅう》タイプ。製造販売元はどこだろうと調べるとマックスエコ（大阪府守口市）で、酵素の分解力に着目・活用した企業理念にＮＨＣが共鳴し、後押ししている。１本２０００円程度と比較的高価ながら、ネットショッピングでの評価も高い。

実演販売では10個入りの段ボールに詰め込まれた「マックスエコ」が次々に売れていた。ふと、その段ボールの小さな宣伝文句に目が行ってしまう私は、どうにも困った校閲者である。

〈エコロジーを最大限まで追及し完成しました〉

ドッキリ。ここで「追及」か。『国語大辞典』での「ついきゅう」の使い分けを見よう。

〈【追及】①あとから追いかけていって、追いつくこと②相手の責任・欠点などをどこまでも調べたり、言い立てたりして責めること。追いつめること〉

エコロジーの最先端に追いついたという自負を感じなくはないが、それは考えすぎのような気がする。

〈【追求】目的を達するまでどこまでも追いかけ求めること〉

これは、同社の思いにかなり近いのではないか。「追いかけ求め」完成した自信作である。だが、「ついきゅう」には、もう一つ見出し語が立っている。

〈【追究・追窮】不明なものや不確かなことをどこまでも尋ねきわめること。おしきわめること〉

これも捨てがたい解釈である。エコロジーに対しての向き合い方をどう捉えるかにもよる。

毎日新聞用語集では、用例を多々挙げて校閲上の判断材料を提示している。

〈責任を追及、犯人を追及、余罪を追及〉
〈幸福の追求、目的を追求、利潤の追求〉
〈原因を追究、真理を追究〉

つまり、「追い詰める」なら「追及」、「追い求める」時は「追求」、「追いきわめ、明らかにする」場合は「追究」という解釈である。

では、このエコロジーは、新聞表記だったらどれだろう。「追及」はなさそうだ。

「追求」か「追究」のどちらにするかは、しかし少々迷う。「マックスエコ」でスッキリ落ちるような解答に至らないところが、言葉の幅の広さと面白さでもある。

（2022年11月6日　林田英明）

# 「般若心教」は教義にあらず

泣きそうな顔で開口一番。

「やってしまいました……」

3年目の同僚の声は消え入りそうだ。どうしたのかと聞くと、記事掲載から3日後に載った「訂正」を挙げて、「初校したのは私なんです」と肩を落とす。

原稿は、岸信介氏が首相時に創価学会と深く関わり、退陣後も統一教会（現・世界平和統一家庭連合）と親密だった様子などを記しており、同僚は丁寧に事実関係や固有名詞など可能な限り調べて押さえていく。彼女にとっては祖父母世代の昔の歴史であり、「国際勝共連合」という単語すら安倍晋三元首相が銃撃を受けて以後、初めてメディアで目にした政治団体だから慎重に構えて校閲していった。

そして原稿の終わり近くで足をすくわれる。岸氏が高野山奉賛会会長となって

「般若心教を1日2枚ずつ計1150枚写経、奉納した」とあるのを見逃した。1150枚という数字はインターネットでも出てくる。間違いなさそうだ。落とし穴は誤変換にあった。

正式には「摩訶般若波羅蜜多心経」という経題名。「まかはんにゃはらみったしんぎょう」と読む。一般的な略称が、今回の原稿に出てきた「般若心経」であり、さらに簡略すれば「心経」となるが、いずれにせよ「心経」は「しんぎょう」と読む。

天台宗や真言宗など多くの宗派で広く読まれているお経。しかし、わが家は浄土真宗で唱えなかったこともあり、大乗仏教の教理が300字足らずの心経の中にすべて収まっているらしい、としか言えない。というのは、悟りの境地に私が至っていないからである。仏教の根本原理「色即是空」の理解は難しい。『大辞泉』によれば「色即是空」は「この世にある一切の物質的なものは、そのまま空《くう》であるということ」だそうだ。私は現世で迷うばかりである。

振り返れば、同僚と似たような失敗を私も最近しでかした。ある雑誌の校閲で安倍氏の国葬を取り上げた記事の初校を任された。原稿は長い。最初のページの写真説明は「国葬儀」となっている。「国葬」ではなく「国葬儀」と呼んで批判をかわそうとする政権の単語をここでは使う。慎重に1字ずつ押さえ、誤植がないことを確認した。そこに油断が生まれる。最後のページに来て疲労もあったのか、見出し、本文とも「国葬議」となっている誤植が目に入らない。ただ、これは幸い再校者に救われた。間違いを出さずに済んだが、同音にだまされる怖さが身にしみる。

集中力は仕事始めから終わりまで続きはしない。ポイントを外さず大事な箇所を落とさないよう校閲しなければと、同僚の失敗を自己に重ねてかみ締める。「般若心教」は「般若心経」が正しい。見逃した彼女の心境に思いを致す。

（2023年3月5日　林田英明）

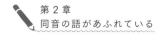

# 高校野球の記事、三つの「アウト」

2020年の夏の高校野球。新型コロナウイルスの感染収束が見通せない中、「2020年甲子園高校野球交流試合」や各都道府県の独自大会など、関係者の努力と感染防止策の下、各地でレベルの高い攻防が繰り広げられました。

勝敗、得点、選手名、試合経過など私たちの点検項目は多岐にわたりますが、それに加えてこの時期、「三つの気をつけたい言葉」を念頭に置いて、文章を読むことにしています。さて、結果は。

●檄を飛ばす

「檄《げき》」というなじみのない文字は常用漢字表に入っていないため▽「お前だったら打てる」と監督がゲキを飛ばした▽「練習の成果を出そう」とナインにげきを

飛ばした――などの形でも登場します。「激を飛ばした」との誤記にもみられるように、「激励」の意味で書いてくることの多い言葉です。

「檄」はもともと、古代中国の木札に書かれた徴召や説諭の文書のこと。そこから、「檄を飛ばす」は「自分の考えや主張を広く人々に知らせて同意を求める」意味で使用されるようになりました。

毎日新聞用語集では、「激励」の意味で使うのは望ましくないとして、場面により「励ます」「鼓舞する」「奮起を促す」などへの書き換えを促しています。

以前は試合ごとに多くの「檄」が飛んでいたのですが、確実に減少傾向にあり、２０２０年は私が見た限り、原稿の段階で他の表現に書き換えられていたように思われます。

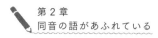

### ●喝を入れる

「もはや国民的誤用」との指摘もある言葉で、２０２０年も何回か直しを入れました。「喝」は「一喝」や「恐喝」などのように、大声で叱ったり脅したりすることです。「活を入れる」が正しい表記で、「活力を失っている人に刺激を与えて元気づけること」。担当記者とのやりとりでは「何か引っかかっていたんですよ。それでは『カツ』はやめて『選手を鼓舞した』と直してください」という場面もありました。

●吹奏学部

無観客試合のため、動画投稿サイト「ユーチューブ」を使って「オンライン応援合戦」をするなど、吹奏学部もエールを送りました。

もうお気づきの方も多いと思いますが、「吹奏学部」は「吹奏楽部」の誤りです。お手元のパソコンで「すいそうがくぶ」と打ち込み一括変換すれば誤りは防げますが、「すいそう」「がくぶ」と分けて変換した途端にアウトです。

とはいえ、「吹奏学部」はワープロが普及する前、手書き原稿の時代から指摘され続けてきた息の長い誤りで、2020年も大量発生し根絶されることはありませんでした。

2021年夏はコロナ禍以前の姿に少しでも近づけた高校野球ができれば。そして「三つの言葉」はどんな顔を見せてくれるでしょうか。

（2020年9月27日　渡辺静晴）

# 『晩春』原節子の「おじさま」とは

2020年は女優・原節子生誕100年。主演作の小津安二郎監督『晩春』（1949年）の一場面を紹介する原稿がありました。映画の初めごろ、原節子演じる「曽宮紀子」と、彼女が「おじさま」と呼ぶ「小野寺」が会う場面。小野寺のことが「叔父」、つまり親の弟となっていて、疑問を持ちました。

これとは別の映画監督の経歴で、大叔母に育てられたとあり、インターネットなどで調べ「大伯母では？」と指摘するも結局、関係性が確認できず「大おば」とされたことがありました。しかし『晩春』の場合は叔父、伯父という問題ではありません。小野寺は紀子の親類ではなく、父の友人ではなかったか。「おじさま」というのは「小父さま」のことではないか。

今はなき銀座の映画館、並木座などで何度か見たとはいえ、記憶に自信がなかったので、部内で小津安二郎にかけては生き字引と目する先輩に聞きました。「ああ、三島雅夫ね」と聞かれてもいない俳優名から始まり、くだんの場面のせりふをとうとうと再現。やはり父の親友で、親類ではないとのこと。安心して指摘し「父の友」に直りました。しかし――。

後でDVDを見ると、親戚とも父の友達とも映画の中では触れていません。そこで、図書館でシナリオを見て、ト書きに「親友小野寺讓」、紀子のせりふに「小父さま」とあるのを見て一安心。ところが、先輩は「シナリオと映画は違うからねえ」と言います。たとえば、小野寺が目にとめた美術展のポスターは、シナリオでは「春陽会」となっていましたが、映画では「美術団体連合展」（主催は「毎日新聞社」と書いてあります）。疑い出すと霧がかかってきます。

『映画はいかにして死ぬか――横断的映画史の試み』（蓮實重彥著、フィルムアート社）によると、今見られる小津監督の『東京物語』は、本物ではないそうです。オリジナルのネガフィルムが焼失し、蓮實氏の記憶に刻まれたショットが切られているとのこと。そういうこともあるから、何が映画の真実かは不確かにならざるを得ません。

それでも、『晩春』ではたとえば、小野寺が料理屋の亭主に紀子を紹介するとき「曽宮の娘だよ」と言うせりふがあります。叔父なら「俺のめい」とか言うところでしょう。親類ではないという絶対的証拠はないものの、状況証拠からは明らかに「友達の娘」です。

それに、このおじさん、再婚したことで紀子に「汚らしいわ」「不潔よ」と言われたのに妙にうれしそう。冗談めかしていましたが、これはきっと彼女の潔癖性を示す本音。それを本当の親戚に言うと、多分わだかまりが残るでしょう。子どもの頃から付き合いのある他人だからこそ気軽に言え、おじさんもおおらかに受け流します。やはりあれは「小父さん」ですよね、小津さん。

（2020年12月13日　岩佐義樹）

# 新選組と新撰組　どちらを選ぶ？

司馬遼太郎が新選組を描いた小説を原作にした映画『燃えよ剣』が2021年10月に公開されました。メガホンをとったのは『クライマーズ・ハイ』『日本のいちばん長い日』などで知られる原田眞人監督。男たちの熱いドラマを描くことに定評のある原田監督が、今作でも岡田准一さん演じる土方歳三を中心に、新選組の誕生から終わりまでを熱量たっぷりにスクリーンに映し出しています。

小説『燃えよ剣』が刊行されたのは1964年。半世紀以上も読まれ続けている人気作というだけでなく、新選組人気を決定づけた作品の一つとも言われています。今では京都や東京・多摩地区の新選組ゆかりの地は観光資源となっていますし、ドラマや映画の題材となることも多いため、新選組に関する記事が新聞に載ることも少なくありません。

新選組の表記ですが、二つあることをご存じの方も多いでしょう。記者やデスクから「新選組」と「新撰組」のどちらが正しいのかと尋ねられることもありますが、これが正しいと答えるのは簡単ではありません。というのは、新選組の隊士が記した手紙や新選組を監督する立場にあった会津藩の文書などに「選」「撰」のいずれも使われているからです。「選」と「撰」は音が同じだけでなく、「えらぶ」という意味まで同じ漢字です。江戸時代の人は、どちらの漢字も意味も音も同じだし、読み方は「しんせんぐみ」だからいいだろうと考えていたのでしょう。ですから、「選」が正しいときもあれば「撰」が正しいときもあるのです。ただ、紙面で表記が割れてしまうのは好ましくありません。そこで新聞では、教科書が「新選組」を採用していること、隊の公印が「新選組」となっていること、「撰」が常用漢字ではないことなどから、引用などでなければ「新選組」と書くようにしています。

江戸時代の人が正しい表記はこれとは考えず、読み方があっていればいいと考えていたことが分かる史料に、新選組一番隊組長の沖田総司の書いた手紙があります。何と自筆の署名が「総二」となっているものがあるのです。他にも沖田の自筆ではありませんが「惣司」と書かれた史料も残っています。字が違っても特に気にする様子もないあたりに、当時の人たちのおおらかさが表れているように感じます。
最近、実質的に同じ漢字でも字体の違いを許容しないことが多くなったように思います。ウェブでも「崎は正しくは右上が『立』の字」などと書かれたものが増えました。さすがに今は、新選組や沖田のように違う字でもいいじゃないかとはいきませんが、字体が違っても大丈夫というくらいのおおらかさがあればいいのになと思います。

（２０２１年12月12日　新野信）

# 第3章

# カタカナ語の落とし穴

## オホーツク海に「空目」注意報

東京・青山のNHK文化センターの講座で「校閲記者の『すごい』技術」と題してお話しする機会があった。誤りの具体例を挙げながらの説明に多くの方が熱心に耳を傾けてくださり、その中でも特に関心を示された事例が三つあった。

一つ目は「カタカナは校閲の難敵である」という説明。例として挙げたのは「オホークツ海上にある発達した低気圧」というものだった。

カタカナは「フワラーアレンジメント」の例を持ち出すまでもなく、空耳ならぬ空目《そらめ》（そうなっているように見誤ること）の一種ではないかと指摘する方もおられるように、誤りやすい要素を抱えている。決して漫然と読まず、スピードを落として一字一字確認しながら読むことが誤記を防ぐ最良の方法ではないかと考えている。

さて、あなたは「オホーツク海」「フラワーアレンジメント」の一部が入れ違い

「クッ」「フワラー」となっているのに気づきましたか。

二つ目は「数字は身近な物に置き換えて考えるべし」という項目。

例文は「新しい車両基地の面積は36平方メートルになる」とした。

皆さんのお宅より狭い都心のワンルームマンション一室程度の広さに、電車は一両も入りませんよね。そこで笑いが起きた後、「36万平方メートルが正解です」との説明に、大きくうなずいた方が多かった。

そして三つ目が「文章に挑戦」と題して、誤った日本語の修正を一人一人に考えていただいたとき。

「新施設の一般公開は会議に支障のない期間を除き行われるが、会期中は部外者以外立ち入り禁止となっている」という例文に、受講者は口々に「何を言っているのか分からない」と感想を述べる。「そう、一読して頭に入ってこないのは悪文です。自分を信じて果敢に直しましょう」と提案する私。

「新施設の一般公開は会議に支障のない期間に行われるが、会期中は部外者立ち入り禁止となっている」――。スッキリしましたか、どうでしょう、との問いかけに「部外者が気になる」と浮かない表情の方も。では「関係者以外立ち入り禁止」としては。ぐっと分かりやすくなったと笑顔が戻る。

カタカナと数字・単位の誤りを防ぐこと、常に読者にとって分かりやすい文章を目指すことは校閲の重要な仕事である。聴講してくださった方も、普段の生活でカタカナに悩まされ、数字や単位の誤りには思いあたる節があったのでは。同時に分かりやすい日本語にするため例文と向き合う真剣な姿にも感銘を受けた。校閲ガンバレのうれしいエールもいただいた。

人は間違える生き物である。だからこそ日々怠ることなく、訓練された複数の目を生かして、一字でも誤りを減らしていきたいと思う。

（2018年7月1日　渡辺静晴）

# ゲージとケージ　カタカナの混濁

「目を離したすきに、犬はゲージから抜け出したとみられる」

ここでカタカナに引っかかりを感じて、止められるかどうかが運命の分かれ道です。果たしてゲージでよいのかと。

インターネットで検索すると、ゲージとケージが混在しており、両者は同じものという説明まで出てきます。話し言葉では「私もふだんゲージと言っている」という愛読者の方がいらっしゃるかもしれません。

そんな中でも「ドックケージ（ゲージ付き）」という犬の体長が測れる製品には感心しました。「ドック→ドッグ」の校閲直しは入れたいところですが、明確に言葉を使い分けているではありませんか！

ゲージ（gauge）は測定用の計器・器具の総称や鉄道のレール間の幅を意味する

言葉。一方のケージ（cage）は鳥籠や動物を飼育する「おり」などを表す言葉で、「書き言葉」においては、意味を把握して両者を明確に区別しなければなりません。野球の打撃練習などに用いる防護ネットも「バッティングゲージ」などの表記が多く見られますが、「バッティングケージ」が正確な表記です。

冒頭の「ゲージ」も、文章の流れから判断して「ケージ」が正しく、確実に直さなければならない場面ですが、力及ばず紙面化されてしまったケースもあります。

その理由の一つに、日本人（日本語）は濁音か清音かを厳格に区別する意識が、他の民族や言語より希薄なのではないかという考え方があります。ゲージとケージのように全く別のものになってしまう言葉はもちろん要注意ですが、従来表記の定まっているものでも、異なる表記で繰り返し原稿に登場してくる現場に居合わせると、思わずうなずいてしまいます。

ここ数日で覚えているだけでも（↓以下が、直した後の毎日新聞が使用する表記）、スクラップ・アンド・ビルト↓スクラップ・アンド・ビルド▽インフォームトコンセント↓インフォームドコンセント▽ハイブリットカー↓ハイブリッドカー▽イラクの首都バクダット↓バグダッド▽ハンガリーの首都ブタペスト↓ブダペスト――と枚挙にいとまがありません。

さて、2020年の夏話題になっているカタカナといえば役所や避難所などで使用することが多い「間仕切り」を表す言葉です。「パーティション」(partition)が『広辞苑』など複数の辞書に掲載された原音に近い表記ですが、ティ→テイ→テーと変化した「パーテーション」という表記も一定程度定着しつつあります。どちらかに統一できるものなのか、いや両様表記を認めてもよいのでは、と慎重に議論しています。

身近でありながら奥の深いカタカナ表記の難しさを実感する日々が、まだまだ続きます。

(2020年9月6日　渡辺静晴)

# チータ、チーター　小さくない違い

手元のパソコンに表示された毎日新聞のサイトには、福島・猪苗代《いなわしろ》湖の「しぶき氷」の記事と動画がアップされています。気軽に旅行できる日々が一日も早く戻ることを信じ、厳寒の湖を眺めます。

各支局から送られてくる原稿を校閲するのは楽しみの一つでもあります。自然、行事、人などに焦点を当て、さまざまな角度から「今」が切り取られ、写真や動画とともにインターネット配信もされて好評を博しています。

休園中のある動物園ではチーターの赤ちゃんが生まれました。原稿中何カ所かあるチーターが1カ所チータに。意識して読むことを心がけていたので発見できましたが、実はチーターとチータ、私には忘れ難い思い出があります。

昔、父と一緒にテレビのクイズ番組を見ていたときのことです。

「時速100キロを超えるスピードで獲物を追い詰める、アフリカのサバンナにすむ動物は？」

次々とゲストが答えます。「ライオン」「ピューマ」「ハイエナ」「チータ！」……「正解！」

ここで父は叫んだのです。「違うだろ。チーター！　チータは水前寺清子。なあ」「まあまあ」。軽く受け流してしまった私は校閲記者になってすぐ、痛い目に遭うことになります。

『チーター』の愛称で知られる水前寺清子さんは……」と書かれた原稿を漫然と通してしまった新人の私はデスクに指摘されます。

「そうかあ。渡辺君は『チータ』を知らないか。音引きの有無、問い合わせて直してね」「？」

そもそも動物の表記はチータかチーターのどちらが一般的かをしっかり調べたことがあったか、水前寺さんの愛称はチータかチーターかを確認する努力をし（当時はネット検索などが今のように発達していませんでした）、なぜチータなのかの理由を知ろうとしたか。

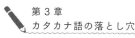

プロの仕事のなんたるかを教えられた瞬間でした。

「水前寺さんがデビュー前、師匠である作詞家の星野哲郎さんからもらった大切なものの一つが愛称の『チータ』。本名の民子《たみこ》にちなみ、今のままの『小さい民子』の気持ちを忘れないようにとの願いが込められている」

答えに行き着くのには時間がかかりましたが、本当に爽快な気分になれたのは2014年11月の毎日新聞の記事で、水前寺さんがファンに「『チーター』ってのばさないの。正しくはチータ！」と語りかけた場面を読んだ時でした。

今日も、世界最大級の淡水魚ピラクルーを飼育している水族館の話（正しくはピラルクー）、ドイコサヘキサエン酸（DHA）が多く含まれる、地方の食品を紹介した記事（→ドコサヘキサエン酸）――などカタカナに関する「誤りのタネ」は尽きませんが、一つずつ丁寧に拾っていこうと思います。


（2021年2月28日　渡辺静晴）

# ハロウィーンかハロウィンか

5歳の娘が10月31日に向け、たどたどしく「トリック・オア・トリート（お菓子くれなきゃいたずらするぞ）」と言う練習をしたり魔女の衣装をそろえたりしています。昭和の時代にはあまり見られなかった習俗は、平成の東京ディズニーランドのパレードや菓子業界などの宣伝を経て、今やクリスマス並みの一大イベントとして定着したようです。

しかしこの行事の表記となると、令和の時代になっても定着しません。主な表記だけでもハロウィンとハロウィーン。他にハローウィンやハローイーンなど。辞書では、意外にも載せていないものもけっこうありますが、『広辞苑』がハロウィン、『大辞林』がハロウィーン（第2版からの見出し語）などと分かれています。

新聞としては、間違いでないからどれでもいいというわけにいきません。毎日新聞では2002年の毎日新聞用語集の改訂に合わせ統一表記を議論しました。

外来語の表記は、既に定着した表記でなければ、なるべく原音に近いカタカナで書くという原則があります。そして英語Halloweenは後の方にアクセントがあり、ウィーンと伸ばす音に聞こえます。

ちなみに、音引きの有無はコンピュータとコンピューター、ジャージとジャージーなどでも不統一が一般に見られますが、新聞ではこの2例いずれも「ー」を入れています。これは語尾についてですが、それ以外のウイーなどの音引きを略す習慣は一般的にもあまりありません。たとえば「ゴールデンウイク」「オーストリアの首都ウィン」とは書かないでしょう。その例に倣ったとは必ずしもいえませんが、議論の結果「ハロウィーン」と決まりました。

それから17年。新聞表記とは関係なく世間ではハロウィンの方がハロウィーンよりも多く使われているようです。グーグル検索の単純比較ではハロウィンはハロウィーンの約10倍の使用頻度。新聞でもイベント名の固有名詞は直せませんから頻出しています。日本人にはハロウィンという前のアクセントの方が言いやすいということはあるかもしれません。ポテト、トマトをポテートー、トメートーと書かないように、もう原語から離れて独自の日本語になったという見解もありうるでしょう。もはや「ー」の表記にこだわることにどれだけ意味があるのだろうかと疑問に思ったりもします。

しかし、娘の通う英語塾のイベント案内では「ハロウィーン」となっていました。英語を教えるだけあって原音に近い表記を採用したのでしょう。やはり国際化時代ですし仮名表記も英語に近い方がベター。娘が今度「はろうぃん」と書いたら「ー」を入れるよう指導しようと思っています。

（２０１９年11月３日　岩佐義樹）

# 広辞苑に載った「エロい」に興奮

「大岡越前」で有名な加藤剛さんが亡くなりました。近年では映画『舟を編む』（２０１３年）で老国語学者に扮《ふん》した笑顔が忘れがたい名優でした。

三浦しをんさんの同名の原作（光文社）には、冒頭近くにこの国語学者とベテラン辞書編集者との会話があります。辞書とのなれそめについて「ちょっと色っぽい言葉を引いてみたりもしたでしょう」と水を向ける編集者に「ふっふっふっ」と笑ってごまかす国語学者。私も中学生の頃、早熟な友達が辞書でその手の言葉を見つけては触れ回っていたことを思い出しました。無味乾燥な辞書という世界の中に禁断の実があるのが思春期男子にとって無邪気に面白かったのでしょう。

映画では加藤剛さんが新しい辞書の編集会議で「マジ、ダサい、うざい」などの俗語も取り入れたいと爽やかに言います。しかしまさか『広辞苑』で「エロい」が見出し語になるなんて！　２０１８年発売の第7版で初めて入ったのを発見し、年がいもなく興奮しました。

（「エロ」の形容詞化）好色である。官能的である。

という語釈の謹厳実直さがたまりません。しかし冷静になって考えてみると今、この言葉を載せる意味がどれだけあるのでしょう。村上春樹さんは「エロい」気持ちを持ち続ける秘訣《ひけつ》を相談する読者に対し「できれば『エロい』というのはやめてくれませんか。せめて『セクシュアルな』と言ってください」とたしなめています（『村上さんのところ』新潮社）。文学者にとっては使用圏外の語なのでしょう。新聞でもうかつに使ってしまうと品位を疑われてしまいます。

ただし、今後のことを思うと辞書に載せておくことには校閲的にも意義があるような気がするのです。というのは、「サボる」「ダブる」が、もとは「サボタージュ」「ダブル」という外来語という意識が失われ、しばしば「さぼる」「だぶる」と書かれるからです。それほど日本語化しているということなのですが、校閲としては「サボる」「ダブる」に直しています。

「エロい」も将来、もしかしたら「えろい」という表記が出てくるかもしれません。その時「エロ」の形容詞化なのだから、と『広辞苑』を参照し「エロい」に直すことがないとはいえません。

ところでサッカーでは俗に「エロいパス」「エロいプレー」などという言い方があります。これはセクシュアルなという意味ではなく相手が嫌がる、つまり「嫌らしい」という意味のようです。「嫌らしい」というのは性的な意味とは限らず文字通り「嫌な気持ち」を表す用法もありますが、その意味で「エロい」という言葉が使われるのは興味深い現象です。加藤剛さん演じる国語学者なら喜々として用例をメモしたに違いありません。

（2018年8月12日　岩佐義樹）

# なぜにサヨサラ　心してマヨナラ

「これ、分かるかね」

新人の私に、当時の部長がニコニコしながら他紙を開いて見出しを指さす。

「心勝」

校閲を志して入社したとはいえ、1年目の素人だ。これがなかなかどうして分からない。首をかしげる私に、部長は笑いをかみ殺しながら正答を教えてくれた。

「必勝」

つまり「ノ」が欠けている別字「心」の誤植だったのである。「分泌」と「泌《し》みる」の違いも私は既に知っていたはずなのだが……。悔しい思い出なので、30年以上たった今でも鮮明に覚えている。部長のあの笑いは、ニヤニヤだったかもしれない。新人の精進を促す効果を含んだ遊び心だったのだろう。

さて、夏を彩る全国高校野球選手権大会が今年も甲子園球場で繰り広げられ、「必勝」の思いを抱く56代表校による熱戦が続いた。この季節になると、どうしても5年前の痛恨の誤植がよみがえってしまう。福岡大会準々決勝を横見出しで大きく扱った紙面。

「劇的サヨサラ」

編集者が打ち込んだこの見出しのまま、数々の関門を通り抜けて紙面化されてしまった。例えは悪いが、堂々と大きなウソをつく詐欺の方がだまされやすい。だから、してやられた感がある。もちろん編集者も、誤ったまま読者に届いて構わないとはさらさら思っていない。正しいと思い込んだまま気づかなかったのだ。

かく言う私も、任された仕事として点検したわけではないこともあって、さらりと読み飛ばしてしまった。翌日、「サヨナラの誤りでした」という訂正が載る。

人の目など、いかに信用ならないか。これは「サ」の字画に「ナ」が含まれており、余分にある短い縦棒が見えなくなってしまう錯覚だ。「心」に「ノ」を頭の中で加えて「必」と読んでしまう欠落の補充とは逆の構造になる。そして、「サヨ」と始まり、「ラ」で終わるから、単語のひとまとまりとして「サヨサラ」を「サヨナラ」と読んでしまうのだ。

「マヨラナ粒子」の存在を世界で初めて京都大学などのグループが実証したとの記事が2018年7月に掲載された。大ゲラ（新聞紙大の仮刷り）では「マヨナラ」となっていて、社会面の編集者に直しを指示したが、これは耳慣れた単語「サヨナラ」が編集者の脳内を占めているからにほかならない。「サヨサラ」も、1字ずつ丁寧に確かめながら点検する校閲の精神があれば止まった誤りだったかもしれない。

心してかからねば、間違いは必ず起こる。野球のサヨナラゲームは勝者には歓喜であろう。敗者にならないよう日々格闘する校閲としては、誤植にサヨナラを願う。

（2018年9月2日　林田英明）

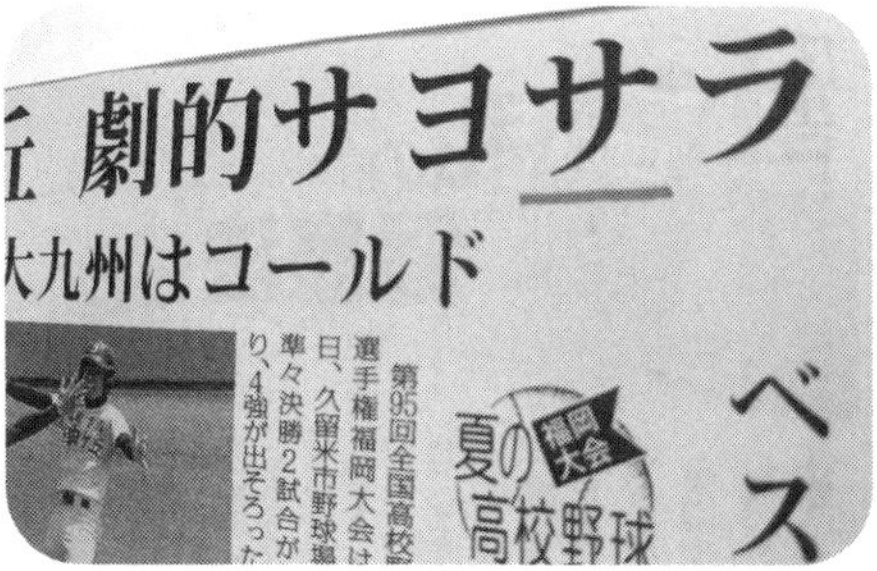


2013年7月25日の毎日新聞北九州版
（筆者撮影）

## 「コンビニ」に立ち止まれ

もともと似ているのだから仕方がない。カタカナの「ニ」は漢字の「二」から生まれたのだから。

そうは理解していても、うっかり校閲していて見逃すことがないわけではない。パソコンで「コンビニエンスストア」と打てば、すべてカタカナになるだろう。だが、略称の「コンビニ」とした場合、学習能力によっては「コンビ二」と出る。「コンビ」と「二」を分けて変換してしまうのだ。

土屋トカチ監督のドキュメンタリー映画『アリ地獄天国』（２０１９年）を見た。大手引っ越し会社におけるパワハラ、洗脳、長時間労働に立ち向かった30代の男性に3年間密着したドキュメンタリー映画である。人権感覚などまるでない、信じられないような会社の対応ぶりを映像や音声で間近にすると、個別の争議と切り捨てて人ごとにできない現代社会の過酷な労働現場が凝縮されているように思えた。主人公は過労死することなく勝利の和解に向かう珍しい展開に安堵《あんど》しつつ、パンフレットを買って熟読した。すると「コンビ二」が出てきたのだ。そこで土屋監督に映画の感想とあわせて指摘してしまうところは、校閲を仕事にしている人間の抜きがたい習癖であろう。

土屋監督から返信が来た。

「まったく気が付きませんでした！　もし重版する際は、訂正させていただきます」

そう、やはり見過ごされるほど似ているレベルなのである。

ジャーナリストの山口正紀さんから頂いた『つくられた恐怖の点滴殺人事件――守大助さんは無実だ』（阿部泰雄・山口正紀編著、現代人文社）も興味深いものだった。北陵クリニック（仙台市）で起こった多数の不審死を山口さんら5人がさまざまな角度から分析。准看護師の守さんが殺人容疑で2001年に逮捕され、2008年に無期懲役が確定したことに疑問を呈する。大量の犯人視報道が読者、視聴者を誤導したと主張する山口さんらが執筆するこの本を読むまでは、私も患者の急変を筋弛緩《しかん》剤によるものと思い込んでいた。

筋弛緩剤（商品名「マスキュラックス」）の成分「ベクロニウム」を検出したとする警察の鑑定を誤りとして阿部泰雄弁護士が反論し、守さんの再審開始を必然と論じているあたりも気をそそられる。ところが、なぜか文中1カ所だけ「ベクロ二ウム」になっていたから、私の関心は急にそこへ向かってしまった。念のため繰り返して記すと、「ベクロニウム」の「二」はカタカナでなければならない。

紙面化された写真を見てみよう。ここまで読んでくださった方はもう見過ごすことはないだろう。傍線を引いている「ニ短調」であるべきカタカナの「ニ」に漢数字の「二」を入れてしまった。単調な仕事になりがちな校閲にあって、こんな紙面を通しては失格である。

（2021年2月7日　林田英明）

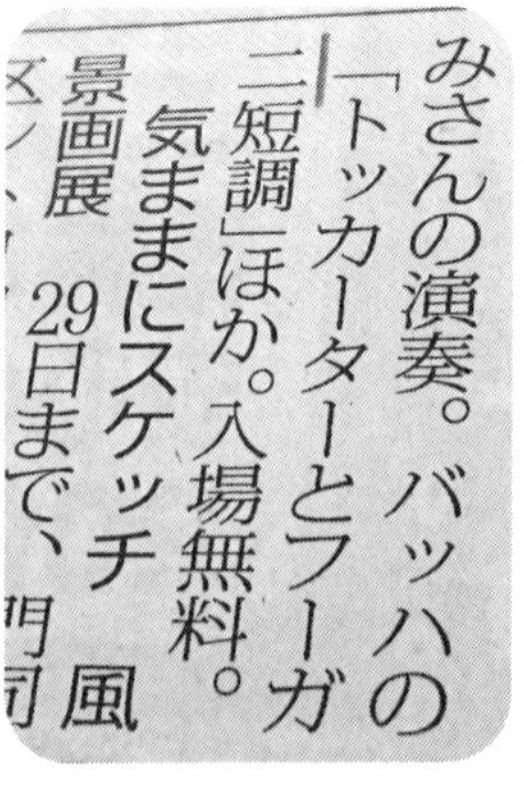
みさんの演奏。バッハの
「トッカータとフーガ
二短調」ほか。入場無料。
気ままにスケッチ　風
景画展　29日まで、

2006年4月14日の毎日新聞北九州版
（筆者撮影）

# その「メッカ」はそぐわないかも

この恐竜が可愛い。熊本県の御船町《みふねまち》恐竜博物館（御船町御船）が始めた5分ほどの動画だ。展示する恐竜の標本や特徴を、学芸員が恐竜のパペット（人形）を使ってクイズ形式で紹介している。トリケラトプスやティラノサウルスがとても身近に感じられる。

それをウェブ用のニュースとした原稿を初校していて、次の箇所で赤ペンが止まった。

〈御船町は、白亜紀後期の恐竜化石の産出量が日本一で、国内で初めて肉食恐竜の化石が見つかるなど、恐竜のメッカとして知られる〉

ここで「メッカ」は許されるか。毎日新聞用語集では「誤りやすい表現・慣用語句」の一つとして「メッカ」を挙げている。

〈メッカはイスラム教の聖地。「交通事故のメッカ」「スキーのメッカ」など悪いことや単なる名所の比喩には不適切〉

悪い意味で「恐竜のメッカ」と記しているわけではないが、「聖地」とあがめるほどでもなさそうだ。御船町が恐竜化石という財産をもとに魅力ある町を目指して「恐竜の郷《さと》」とうたっていることから、出稿元に問い合わせて「恐竜のメッカ」をそう直させてもらった。

2億3000万年前に地球に出現したといわれる恐竜。なぜ6600万年前に姿を消したのか。気温や環境の変化が影響したのか。

『地球温暖化説はSF小説だった――その驚くべき実態』（広瀬隆著、八月書館）は世の常識に真っ向から挑戦する。温暖化に対する各種気体の寄与率で大半を占める水蒸気ではなく3％でしかない二酸化炭素ばかりになぜ注目するのか、太陽の活動や地球の公転軌道の周期変化などをどうして無視するのかと。そのうえで筆者の広瀬隆さんは、国連のIPCC（気候変動に関する政府間パネル）が原発を推進してきたIAEA（国際原子力機関）と連動して科学的データを無視する「詐欺グループ」だと極めて強い主張を繰り広げる。

そんな文章の中で、米国立オークリッジ研究所を「原子力のメッカ」と表記していたから、校閲の習性で傍線を引いてしまった。同研究所はエネルギー省の管轄下にあり、エネルギーや安全保障など多方面にわたって研究を続けている。1943年に核兵器に使うウランとプルトニウムの分離精製を目的とするマンハッタン計画の一部として建設された施設だから「原子力のメッカ」は似合わない。

そこで、もし書き換えるなら「原子力の拠点」などだろうかと広瀬さんに伝えると「高度な校閲をありがとうございます。（増刷時に）『原子力の推進本部』に直します」との感謝の返信が届いた。

「高度」な指摘だとは全く思わない。なぜなら、恐竜の絶滅理由や地球温暖化説の謎を解明する方が、はるかに「高度」だと思うからだ。

（2020年5月31日　林田英明）

# 日本人も「来日」する

大坂なおみ、ケンブリッジ飛鳥、ベイカー茉秋《ましゅう》……スポーツ界で外国にもルーツを持つ「日本選手」が活躍している。都心のコンビニでは日本人だけの店の方が珍しいほど、日本で働く外国人も増えた。２０１９年４月に改正入管法が施行されればその傾向はより強まり、日本がより多様な人の暮らす国となることは間違いない。時代を反映し、２０１９年元日の毎日新聞では、外国で生まれた「ハーフ」の「来日」後の苦労を描く大型記事を掲載した。

「ハーフ」について、一人の人間に対して「半分」は失礼だとの指摘は以前からある。個人的にはその意見を聞くまで、父と母の国の「ハーフ・アンド・ハーフ」という語だと思っていた。毎日新聞では原則使わないことにしているが、今回は文中で「言葉狩りに意味はない」とし、ハーフという名称を使って記事を進めていた。

紙面化後、読者から特に意見は来ず、時代の流れとしては抵抗感が薄れているのかもしれない。

ハーフの代替候補としては「ミックス」「ダブル」などがある。しかし日本語の「混血」は「純血」と対比した語だという意見がある以上、ミックスも同じなのではないか。ダブルは「裏表のある」との意味もあり、そう呼ばれるのは嫌だという声も聞いた。そもそもダブルにせよハーフにせよ、ルーツが二つのときのみの言葉ということになる。実際はそれでは表しきれない人が多くいるはずで、いい解決案がない。

しかし、記事を校閲した際「ハーフ」問題より気になったのは、彼らが「来日した」という表現だった。辞書で引くとどれも「外国人が日本に来ること」（傍点筆者）。日本に住む人々と同化しようとし、しかし「日本人」にはなれずもがく彼らに「来日」という言葉は冷たいのではないか？「日本に来る」などとできた部分もあったが、すべての箇所を変えるのは無理だった。漢語では「帰国」「来日」しかほぼ選択肢がなく、帰国でない以上、来日になるというわけだ。

しかし変わるべきは辞書の語釈、そして私たちの頭の中身なのかもしれない、とも思う。外国に住む日本人は２０１７年に約１３５万人で、平成の間に倍以上になった。国外在住、あるいは国外で誕生した日本人が「来日」することは当然増えているはずだ。

そもそも日本人とは、外国人とは何だろう。国籍？　その国の文化で育った人？　はるかな昔、どこかから移動してきて日本に定住し、渡来人を受け入れて今に至る「日本人」のルーツも、もとをたどれば多様なはず。民族の誇りは尊重すべきだが、人類の歴史に比べれば短い有史社会で便宜上引いただけの線が、心のかせになってはならない。校閲者としても柔軟に、共生の言葉を考えたい。

（２０１９年3月24日　水上由布）

# 第4章

# 「いかにもありそう」が命取り

# 思い込みで「津田沼市」

忘れられない思い出がある。１９８２年６月23日、東北新幹線が大宮―盛岡間で開業した。入社したばかりの私が校閲した写真説明の原稿は「開通を前に、大宮駅からきょうの出発駅の青森駅に向かう東北新幹線」。ようやく実現した「大動脈」の開通に記者の興奮が伝わってくるようだが、青森駅は盛岡駅の誤り。

以来「思い込み」「勘違い」には何度も足をすくわれそうになるのだが、当時から現在まで何十年にもわたって登場する同一地名の誤りがある。いかにも存在しそうな「千葉県津田沼市」はその代表的事例といっていい。なぜ間違えるのか、その理由を考えてみた。

津田沼の地名は、１８８９（明治22）年の町村制施行に伴い旧５カ村が合併し、核となる谷《や》津《つ》村、久々田《くぐた》村、鷺沼《さぎぬま》村からそれぞれ1字を取って津田沼村としたことに始まる。典型的な合成地名である。その後、１９０３（明治36）年に津田沼町となり、１９５４（昭和29）年に千葉市の一部を取り込んで習志野市となった。

ＪＲ津田沼駅を中心に首都圏のベッドタウンとして人口も増え、開発が進む中、津田沼の名前を一躍全国区に押し上げたのは「津田沼戦争」といわれた駅周辺への流通大手企業の進出である。長引く不況の中、過当競争の心配をよそに、１９７６〜78年の3年間に多くの大型スーパーや百貨店系店舗が進出と撤退を繰り返し、「ただ勝ち抜くのみ」という流通戦国時代の激戦地となった（１９７８年9月1日付毎日新聞朝刊経済面）。

人々の間に津田沼の地方中核都市としてのイメージが定着し、津田沼市の誤記が今もってなくならない理由の一つになっているのではなかろうか。

その津田沼地区を含め、下総《しもうさ》台地の端から東京湾にかけて広がる習志野市。人口密度は県内有数で、埋め立て開発を辛うじて免れ、渡り鳥の貴重な生息地として１９９３年、ラムサール条約に登録された「谷津干潟」も同市内にある。

その他の地名で息の長い誤りを紹介すると――。

〈秋田県角館《かくのだて》市→仙北《せんぼく》市〉

「みちのくの小京都」とも呼ばれ観光客も多い。秋田新幹線も停車。角館市と書いてしまいがちだが、２００５年に角館町、田沢湖町、西木村が合併し仙北市に。

〈新潟県十日市町→十日町市〉

十日ごと、あるいは十日の日に市が開かれる「十日市」が地名の由来だとの思いは分かるが……。

人々の思い、歴史の流れ、行政の在り方などさまざまな要因が絡み合って成り立っている地名。新聞報道において市区町村名はその代表的なものだが、現在の姿を正確に伝えていくには、その背景にあるものを理解していくことが意外に近道だったりするのでは。

（２０１８年７月22日　渡辺静晴）

## 「綱渡り」続く芸術の秋

著名な演劇評論家の寄稿文などを校閲するときは、日々のニュース面とはまた違った緊張感があり、一呼吸置いてから読み始めるように心掛けている。

ある日の長文から抜き出した、次の一文を一緒に校閲してみてください。

「近松門左衛門の代表作としては『国性爺合戦《こくせんやがっせん》』『冥土《めいど》の飛脚《ひきゃく》』『曽根崎心中《そねざきしんじゅう》』などが挙げられるが、中でも『心中天綱島《しんじゅうてんのあみしま》』は世話物の最高傑作として高く評価されている。

この作品は享保５（１７２０）年に起きた、紙屋治兵衛と遊女小春の心中事件を脚色したもので……。

（毎週第１火曜日に掲載）」

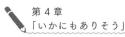

固有名詞と読みがなに注意しながら丹念に読み進めていきます。いかがでしょうか。

少し見にくいかもしれませんが、読みがなも大切な情報です。「こくせんやがっせん」は「こくせんやかっせん」、「しんじゅうてんのあみしま」は「しんじゅうてんのあみじま」が一般的な読み方ではないかと筆者に指摘します。

そして、「冥土の飛脚」は「冥途の飛脚」の誤りではないかと直しを出し、年号、当該作品の登場人物の確認をすませます。さて、そろそろよろしいでしょうか。

「ちょっと待ったー!」と声を上げたあなた。さすがです。私も読み直して気づいたのですが「心中天網島」とあるべきところが「綱島」になっているではありませんか！　筆者が「綱島」と思い込んでいたのでは？　原稿用紙に書いたものを別の人がワープロで打ち間違えたのでは?と疑惑は深まるばかりですが、「まさかここにその字は入っていないだろう」という油断こそ禁物です。特に字形や画数も似ている「網」と「綱」は校閲泣かせといえます。

余談になりますが、「網」と「綱」を取り違える代表的事例が東京都墨田区にあります。

「墨田区横綱にある両国国技館」と書いてくる原稿の多いこと！

「両国国技館＝相撲＝横綱」という流れが思考を決定づけてしまうのでしょうが、正解は「横網」。お隣にある「江戸東京博物館」の住所はしっかり「墨田区横網」と書いてくるのですから、人間とは誠に不思議な生き物です。

きわどいところで読者や筆者に迷惑をかけずにすみホッと一息。直しの確認をし、もう一度文章に目を通していると「ご指摘ありがとうございました。校閲直し、出稿部や筆者直しも終わったのでよろしいですかね」と編集者から声がかかる。「……はーい、ってあれ⁉」「まだ何か」「文末の毎週第1火曜日は毎月第1火曜日かな」「ありゃー。それ私が打ちました」

最初からそこまで気づいていたぞ、というあなた。ぜひ校閲へ！

（2018年10月7日　渡辺静晴）

【追記】

江戸東京博物館は改修工事のため2025年度（予定）まで休館中。

## 相次ぐ間違いに負けたらあかん

はや12月。２０１９年はいつもの年よりも短く感じるという方が、私の周りには多いようです。年齢のせいばかりでなく、5月1日午前0時の改元を機に、新たな年がスタートしたという感覚が日本人の中にあり、それが影響しているのかもしれません。

私たちの仕事はといえば、代替わりに伴うさまざまな皇室行事、ラグビー・ワールドカップ日本大会の開催、大雨による相次ぐ災害報道など、いつにもましてスピードと正確さを要求される場面が多かったように思います。

そんな中、身に染みて感じたのは、一見簡単そうに思える表現や事実の確認を大切にすること。怠れば必ずそこに死角ができるという現実です。実例をご紹介します。

台風に関する原稿では、「瞬間最大風速」「瞬間最高風速」「最大瞬間風速」「最高瞬間風速」と4通りの書き方に出合いました。「瞬間風速の最大値」であることを念頭に置き、冷静に「最大瞬間風速」を選択しなければなりません。

また、時間がたつと「今年は台風の当たり年だった」という表現が散見されるようになります。当たり年とは「収穫や利益の多い年。転じて、物事が思うようにうまく行く年。縁起の良い年」（『広辞苑』）という意味です。近年、台風が上陸＝当たるという発想からか、徐々に浸透してきている表現だという意見もありますが、やはり「今年は台風による（甚大な）被害が多かった」などと書くべきではないでしょうか。

もちろん、日々の生活に密着した催し物などの記事も侮れません。

ある地方の「お城まつり」で、徳川家康を支えた四天王に扮《ふん》した人たちが登場したという記事に

「校閲至極」を連載中の週刊誌『サンデー毎日』は毎日出版社発行？　正しくは本文に（高橋勝視撮影）

はこうありました。「四天王と呼ばれた名臣は、酒井忠次、本田忠勝、榊原康正、伊井直政の4人である」

「見るからに怪しいなあ」と心の中でつぶやきながら丁寧に確認していくと、酒井忠次以外3人の誤記が判明し、冷や汗をかきました（本多忠勝、榊原康政、井伊直政が正解。井伊は見つけにくい）。

さらに、年末を控え、天童よしみさんがヒット曲「頓堀人生」を披露したという原稿に「この前も見たぞ」とため息をつきながら、「道頓堀と書いて、とんぼりと読むんだろう」などといい気になって「道頓堀人生」と赤字を入れました。そこで「負けたらあかん　負けたらあかんで東京に♪ってか」などと口ずさんでは負けです。現実は「道頓堀人情」。知っていたのに……。これが校閲の怖さです。

さて、「サンデー毎日」（毎日出版社）で好評連載中」と書かれた原稿を読んだのはついこの間のこと。いえいえ、「校閲至極」を含め『サンデー毎日』は、毎日新聞出版が発行しています。

（2019年12月15日　渡辺静晴）

## ロシア「本土」とクリミア半島

ウクライナ南部のクリミア半島がロシアに強制的に編入されて2020年3月で6年になる。国際社会は認めていないが、ロシアのプーチン大統領による「既成事実」づくりは着々と進み、ロシアとクリミア半島をつなぐ鉄道橋までも完成してしまった。

毎日新聞でもプーチン氏が列車に試乗したことなどを伝えたが、見出しには「露本土とクリミア結ぶ鉄道橋完成」とついた。

……本土？　手を止め、「本土」をペンで囲む。本土は「属国または属島などに対して、おもな国土」（『広辞苑』）。これではクリミアはロシアだと認定していることになる。本文には「強制編入したクリミアとロシア本土を結ぶ」とあるものの、「強制編入」という説明があるからまだいい。見出しで前置きなく「ロシア本土と

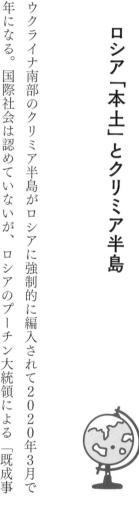

クリミア」とするのは問題があるように思える。「ロシアとクリミア」と「本土」の文言はなくても十分意味は通じるではないか。

ロシアが2014年に標準時を変更した際、毎日新聞が各部署に周知を図るため出した通達には「クリミア半島はロシア時間ではなく、ウクライナ時間です」と明確に書かれている。編集者に「本土」を取るよう要請した。

読者の中には「本土」があっても気に留めない人もいるだろう。だからこそ大事なのだと思う。そうした人が意識せず「本土」とすり込まれてしまわないために。

毎日新聞のインターネット記事で、災害や戦禍、迫害などで故国を逃れた人々を指す「難民」という言葉について、「美容液難民」「引っ越し難民」などと軽々しく使うべきではないという見方を紹介し、広く読まれた。背景には「難民」がどこか違う世界の遠い話としてしか感じられていないことがあるだろう。そして世界の潮流は、難民や移民を厄介者として扱う傾向にある。トランプ米大統領が打ち出した、移民流入を防止する壁の建設計画が象徴的だが、難民受け入れがきわめて少ない日本も同じといえる。

ある日の校閲作業で、北大西洋条約機構（NATO）について、「テロ、移民・難民の流入、中国の台頭など取り組むべき脅威が多様化している」という文言があった。移民や難民は脅威なのだろうか？

そうであってはいけないと思う。たとえ現実には多くの問題があるとしても。「課題」とすることを提案し、その通り直った。

2020年1月にあった大相撲の新弟子検査にはウクライナ出身力士の姿があった。私たちの暮らす国には、さまざまな人が住む。そして祖国を追われ、この国に住みたいと願う人がいる。「どこか違う世界の遠い話」ではない。そして彼らは「脅威」ではなく、表情を持った、一人一人の人間だ。

（2020年2月23日　水上由布）

【筆者追記】

コラム掲載の2年後、ロシアはウクライナに侵攻し、このクリミアの橋で爆発も起きた。日本での首都の表記がロシア語の発音であるキエフでなくウクライナ語のキーウになることは日本のウクライナ関係者の悲願だったが、こんな形でかなってほしくなかった。

# 間違いあるある　コロナ関連記事

新型コロナウイスルの感染拡大防止のため、不要不急以外の外出は自粛を求められてきました。５月25日に政府の非常事態宣言は全国で解除されましたが、コロナ渦は今後も人々の生活に影響を与え続けそうです。

右の文章におかしなところがいくつかあるのにお気づきでしょうか。ここ数カ月、新聞の紙面の大半が新型コロナ関連のニュースで占められてきました。ここに紛れ込んだ不適切な表現は、どれも実際の仕事の中で出合ったものです。

まず「新型コロナウイスル」。単純で、気づけばどうということのない文字の入れ替わりですが、カタカナ語だと見逃しやすいというのは以前も何度か取り上げてきた通りです。

次に「不要不急以外の外出は自粛」。すんなり読んでしまいそうですが、よく考えるとこれでは不要不急の逆で、急ぎで必要のある外出を自粛ということになってしまいます。「部外者以外立ち入り禁止」のように、正反対の意味になってしまっていることは時々あるので要注意です。

政府の「非常事態宣言」は「緊急事態宣言」。ウイルスの感染が急激に拡大しそうな局面は「非常事態」とも「緊急事態」ともいえそうなため混同しやすいのですが、この名称は法律に基づいているのでどちらでもいいというわけにはいきません。

そして繰り返し遭遇しているのが「コロナ渦」。コロナによる災難という意味で「コロナ禍《か》」のはずですが、最近使われるようになった表現ということもあり、漢字変換されにくいことも間違いが多い理由と思われます。「〜禍」は、やや古風で書き言葉で使われることが多いため、なじみが薄いという点もあるかもしれません。

ただツイッターなどで注意喚起したところ、「戦争による災難を意味する『戦禍』と、混乱を意味する『戦渦』の両方の言葉があるように、混乱という意味で『コロナ渦』と表記しても間違いとは言えないのでは」という声が意外に多く寄せられました。

しかし、どうでしょうか。辞書で検索すると、「～による災難」という意味で「禍」が付く言葉は「交通禍」「水禍」「薬禍」など少なくない一方、語尾が「渦」で「～による混乱」という意味の言葉は「戦渦」以外ほぼ見つかりません。「渦」は、造語を形成しやすい「禍」と同様に扱うことはできないといえます。そのため「コロナ渦」はやはり違和感が強く、誤りだと感じる人が多いはずで、一般に向けた文章では「間違い」と判断せざるを得ないでしょう。

流行の第2波も想定されているコロナ禍。言葉遣いのミスも最小限に抑えられるよう今後も油断なく備えたいと思います。

（2020年7月12日　大木達也）

## ひらがなの手紙　写真よく見れば

〈2022年2月に創刊150年を迎えた毎日新聞は今、「社会をつなぐ、言葉でつぐむ」のキャッチフレーズを掲げて、分断が進む社会を毎日ジャーナリズムの姿勢によってつなぎ、日常に潜む声なき声に耳を傾けています。〉

この文章を読んですぐに誤りに気がついた方はいらっしゃいますか？「おや、その質問も『い』が一つ多いね」と立て続けに指摘された方は校閲記者向きです。ぜひ、ご一報ください。

「ひらがな」は、読む側に柔らかく温かい印象を与える一方で、誤りに気づきにくく、1字の見逃しが重大な結果を招いてしまうという性質を常に帯びています。毎日新聞のキャッチフレーズは「社会をつなぐ、言葉でつぐむ（口を閉ざして何も言わない）」であってはならず、「社会をつなぐ、言葉でつむぐ（さまざまなものをより合わせ、一つのものをつくり出す)」でなければなりません。

〈三重県伊勢市の観光PRキャラクター「はなたらすちゃん」も登場して会場を盛り上げた。〉

これは、1字の打ち間違いで印象がガラリと変わってしまった事例ですが、お気づきでしょうか。

「あまてらすちゃん」と間違われることはあるそうですが、この誤りは想定外。おもてなしの心で笑顔の花を咲かせる女の子は、みんなの元気パワーをもらって背中のお花はいつも満開。きょうも笑顔で伊勢のまちを照らす「はなてらすちゃん」が正解です。

つい最近読んだ原稿は、もう少し複雑です。ある事件を振り返った催しの展示資料には、子どもからと思われる警察に宛てた手紙も含まれていました。そこにはこう書いてあったそうです。

〈ぼくのこずかいでためたお金です。なくなられたおわまりさんにあげ下さい（原文ママ）〉

出力されたA４用紙に印刷された写真は手紙の遠景が写っているのみ。うーん、調べたい、現物を見たい、真実を伝えたいと心は千々に乱れます。そうだ、素材のズーム機能を使えば、パソコンである程度は見えるかもしれない――該当しそうな箇所に寄っていくとおぼろげながら見えてきました。「こづかい」でなく「こずかい」、「あげて下さい」でなく「あげ下さい」と読めます。そして、私の一番知りたかった真実は！「おわまりさん」は「おまわりさん」とちゃんと書いてあるように見え、問い合わせて確認した結果、「おまわりさん」と直り、差出人の名誉を守ることができました。

今、ニュースサイトなどを見ると、速報性とファクト（事実）にのみ重きを置き、ひらがなのダブりや表記ミスなどは「そう読んでくれるよね」といわんばかりの惨状が広がります。危機意識を胸に、私たちの闘いは今日も続きます。

（２０２２年４月17日　渡辺静晴）

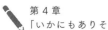

# 品川駅は品川区にない……なぜ？

10月14日は「鉄道の日」です。新橋と横浜の間に日本で最初の鉄道が開通した1872（明治5）年9月12日（旧暦）が新暦では10月14日に当たることから、この日が「鉄道の日」になっています。2022年は鉄道開業150周年ということで、関連イベントが各地で開催されました。

鉄道開業の日は10月14日とされていますが、先に工事が完了していた品川と横浜の間で仮開業して運行を始めたのは、正式な開業より4カ月ほど前の1872年5月7日（旧暦。新暦では6月12日）のことでした。

鉄道が開通した当時、新橋駅は、今の汐留シオサイトのあたりにありました。また横浜駅は、現在は桜木町駅と名前を変えています。一方、品川駅は当時とほぼ変わらない場所にあり、名前も変わっていません。つまり品川駅は日本最古の駅といえるのです。

ところで、この品川駅の所在地が東京都品川区ではなく、東京都港区だということをご存じでしょうか。

品川駅の駅名の由来は東海道最初の宿場だった品川宿ですが、品川駅の所在地はこの品川宿より北になります。当初は品川宿に駅を設けることも考えられていたようですが、一説に駅ができると宿場が廃《すた》れるとの反対意見が強かったことなどから、今は港区である高輪になったといわれています。

ただ、品川という地名が著名だったことや、鉄道開設の計画時には高輪が当時あった「品川県」に含まれていたことなどから、駅名は「品川」となったようです。

品川駅というランドマークがあることで、駅周辺には品川プリンスホテルや品川税務署など、名称に「品川」を冠しているのに所在地は「港区」という校閲記者泣かせの施設も多く、「品川」と名前のつくものの所在地を丁寧に確認することが必須です。

品川駅のように駅名に自治体名を使っていても、所在地がその駅名と異なる自治体になっている駅は意外と多く、目黒駅（東京都品川区）、南新宿駅（東京都渋谷区）、下板橋駅（東京都豊島区）、厚木駅（神奈川県海老名市）、四条畷《しじょうなわて》駅（大阪府大東市）などがあります。

またＪＲ新宿駅は、所在地は東京都新宿区ですが、駅構内は新宿区と渋谷区にまたがっています。新宿駅南口のあたりは渋谷区に含まれ、南口側にあるバスタ新宿や新宿高島屋の所在地は渋谷区千駄ケ谷になります。このように「新宿」も校閲する際は要注意の地名です。

このような駅や周辺施設の所在地は、鉄道職員が一つ一つ指さし確認をして事故防止に努めているのに倣い、校閲記者も一つ一つ丁寧に確認して校閲の事故を防ぎたいものです。

（２０２２年10月30日　新野信）

# 明治のかわゆい「にょわうさま」

２０２２年は樋口一葉生誕１５０年。毎日新聞創刊と同じ１８７２年に生まれました。だからというわけではないのですが、代表作『たけくらべ』を古びた岩波文庫で読み返しました。今出ている版とは違い、ほぼすべての漢字に振り仮名が付いています。今の読みと違う部分に特に興味をそそられました。

主人公の少女、美登利が登場する場面で「言葉《ことば》のいさゝか訛《なま》れるも可愛《かわゆ》く」とあります。「かわゆく」——よく漫画などでふざけて「ゆ」が使われるのを見ますが、明治はそれが普通だったのでしょうか。調べると、「可愛い」の語源は「顔＋はゆし」で、カオハユシ→カハハユシ→カワユシ→カワユイ→カワイイと変化したそうです。「面はゆい」と同じ語の作りだったようです。しかし、登場場面のすぐ後には「可愛《かわい》らしい」とあり「かわゆらしい」ではありません。「かわゆい」から「かわいい」への移行期にあったことがうかがえます。

また、美登利の羽振りの良さのためか「子供中間《こどもなかま》の女王様《にょわうさま》」という描写がありま す。「仲間」ではないことも用字の変化を思わせ注目に値しますが、もっと面白いのは「にょわう」という振り仮名です。ニョと読むのは奈良時代からある呉音《ごおん》という古い読み方で、明治にはまだ「女王」にニョの読みがあったのです。

ところで、少し前から気になっていたのは、どうして女王を「じょうおう」と読む人が多いのだろうということです。先日は、毎日小学生新聞の点検中「じょうおう」と振り仮名があり、筆者に指摘すると「『じょうおう』と思い込んでいた」。表記にも「う」の侵入が及んでいるのかとのけぞりました。あるコラムでは、還暦世代でも「じょうおう」と言う人が多いと書いてありました。母音が一つ多い「じょうおう」の方が発音しやすいという人がいる訳が分かりませんでした。その疑問が、昔は「女王」を「にょおう」と呼んだと知って「そうか、『女房』と同じということか」と解ける気がしました。

円満字二郎さんの『漢字ときあかし辞典』には、「『女房《にょうぼう》』『女御《にょうご》』でニョウと読むのは、音読みニョが引き伸ばされたもの。同様に、『女王』のジョをジョウと引き伸ばして発音することもある」とあります。さらに「にょわう」という旧仮名を見て思い当たることがあります。明治時代に文字通りNYOWAUと発音していたかどうかは別として、OWという音の連なりでは、王の前にウが入るのも無理がないのかもしれません。

しかし、理屈はともかく、小学校のテストで「女王」の読み仮名を問う問題があったとすると「じょうおう」はバツになるでしょう。『明鏡国語辞典』は「『じょうおう』は誤り」と明記しています。だからこう言いたいのです。「じょおう様」とお呼び。

（2022年6月5・12日　岩佐義樹）

常にパソコンと辞書を手元に置き確認する
＝毎日新聞東京本社で、高橋勝視撮影

# 第5章

# 問題は言い回しにあり!?

## 逢坂剛さんの言葉への姿勢に圧倒される

『サンデー毎日』の連載「校閲至極」を愛読してくださっている作家の逢坂剛さんと話をする機会に恵まれました。博学多才かつ高潔なお人柄から紡ぎ出される話題の数々に、刺激的かつ楽しい時間を過ごさせていただきました。

ことに、言葉に関する興味と関心、謙虚に学び取ろうとする姿勢には圧倒されるばかりでした。手作りのカードには、日本語の疑問や誤り、気をつけたいことなどが書き込まれており、その中の一枚にはこう記されていました。

「一衣帯水は一衣・帯水ではなく、一衣帯・水である！」

一筋の帯のような狭い川や海。その狭い川や海峡をへだてて近接していること

――という意味ですが、四字熟語だからと安易に考え、区切るところを誤って言葉の構成をおろそかにしてはいけない、という姿勢が読み取れます。

　このカードを見たとき、「一」を含んだ言葉の区切りは難しいなと思いました。四字熟語ではありませんが「一頭地を抜く」（頭の高さだけ抜け出る意。他よりひときわ傑出すること）や「一敗地にまみれる」（再起できないほどの大敗を喫すること）なども「一頭・地を抜く」ではなく、一頭地・を抜く（地は一頭の副詞的修飾の助字で意味はない）」、「一敗地（いちはいち）ではなく一敗・地（いっぱい・ち）にまみれる」であることを再認識しました。

「浮くと浮かぶの違いは？　使い分けは？」とカードは続きます。「その違いは？」と尋ねられたら、皆さんならどう答えるでしょう。

「『浮く』は、浮力などが働いて底や地面から離れて上へ移動していく動きに着目した言葉。『浮かぶ』は物が底や地面から離れて水面や空中に見える状態

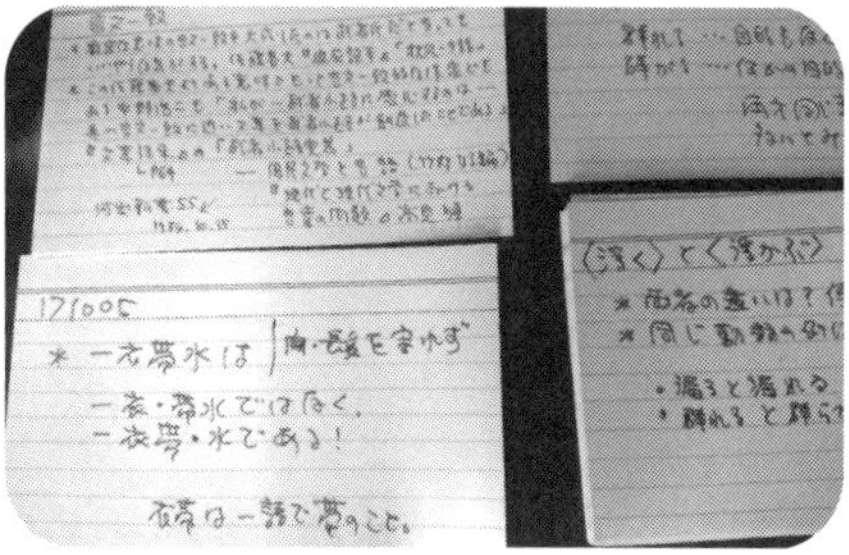

逢坂剛さん手作りのカード
（岩佐義樹撮影）

に着目した言葉」

他の方の意見やいくつかの辞書を参照すると、このような説明が導き出されるのですが、文法的にもっと明確に説明できる読者の方がいらっしゃるかもしれません。

スペインの話、西部劇の話、ご著書である『百舌《もず》シリーズ』の話、そして時代小説、中でも私の大好きな『平蔵狩り』（文春文庫、吉川英治文学賞受賞）にまつわる話では、筆者としていかに「池波正太郎版長谷川平蔵」とならないよう苦心されたかというエピソードを大変興味深くうかがいました。一読者としてはついつい校閲者の目になってしまい、文中に出てくる「月行事《がちぎょうじ》」（共同体の幹事役のこと）や「西本願寺の北にある天使突抜《てんしのつきぬけ》」（京都市下京区に今も残る地名。豊臣秀吉の天正の地割《じわり》の際、五条天神社〈天使社〉の境内を貫通して道が造られたことによるといわれる）などを調べつつ、楽しく読み進めた思い出を話すと大いに盛り上がり、あっという間の90分となりました。

逢坂さんの校閲者に対する信頼を損ねることなく、かといって独善に陥ることなく「いい校閲」ができれば。まだまだ道半ばです。

（2019年7月21日　渡辺静晴）

# 「花向け」の言葉　新年度は不適切

第93回選抜高校野球大会（２０２１年）は、東海大相模（神奈川）が明豊《めいほう》（大分）を３－２のサヨナラで破り、10年ぶり３回目の優勝を果たしました。この大会から、全国大会での１週間５００球以内の投球数制限が導入され、投手の持ち味を生かした試合展開をご覧になった読者の皆さまも、応援に力が入ったのではないでしょうか。

高校野球関連では息の長い「吹奏学部→吹奏楽部」の校閲直しはしぶとく登場し、この大会でもなくなることはありませんでした。センバツが終了し同時に新年度がスタートしたこの時期、原稿にどんな直しや疑問点があったのか、いくつかご紹介いたします。よろしかったら例題を解くつもりで、ご一緒に考えてみてください。

●新型コロナウイスル対策等特別措置法に基づく協力要請の内容を決定した。

新型コロナウイルス感染症の収束にはほど遠い状況が続いていますが、多くの方が「コロナウイルス」が「コロナウイスル」になっていることに気づかれたのではないでしょうか。この直しはさまざまな原稿で頻出しています。しかし、ここでだまされてはいけません。そもそもこんな法律があったでしょうか。「新型インフルエンザ等対策特別措置法」が正しく、「等」の位置もよく間違えます。

●昨年4月1日に中止になった入学式を3月31日に1年越しで行った。

「一年中思い続けてきた」という意味に捉えれば、1年越しは誤りとはいえませんが、「年をまたいでおり、2年越しである」という見解も成り立ちます。毎日新聞用語集では意味合いをはっきりさせて誤解を与えないような表記を推奨しています。「1年」を使用するならば、筆者と相談しながら「1年遅れで」「1年待って」などの直しを提案します。

●対面とオンラインを併用した入社式で、A社長は新入社員に花向けの言葉を贈った。

一見よさそうに思える「花向け」という表記ですが、漢字で書くと「贐」や「餞」が正解です。一般原稿では常用漢字外のため「はなむけ」と表記します。

さて、この場面で「はなむけ」は適切でしょうか。本来、「『馬の鼻向け』の意。旅立つ人の馬の鼻を行くべき方へ向けて見送った習慣による」（『広辞苑』）からきた言葉で、卒業など旅立つ人へ別れや激励の気持ちを込めて贈る言葉や金品のことをいいます。やはり、入社式や入学式など人を迎える場面で使用するのは適当でなく、「励ましの言葉を贈った」「祝辞を贈った」などと直すことになります。

新緑がまぶしい季節の中で、私も入社したてのフレッシュな気持ちを忘れることなく、原稿に向き合っていきたいと思います。

（２０２１年５月９・16日　渡辺静晴）

# 来れる、生きれる　「ら抜き」直す？

衆議院議員選挙では新聞社が各政党に、訴えたいテーマなどのアンケートを取っていました。ある政党の回答の一部に「生きれる」という文言がありました。これは「生きられる」が文法的に適切です。

見れる、来れる、出れる……などのいわゆる「ら抜き」は、話し言葉ではむしろ普通になった感があります。事実、2021年秋に文化庁が発表した2020年度「国語に関する世論調査」で、いくつか例文を示し、普段の言い方として「来れますか」「来られますか」のどちらを使うかなどと尋ねたところ、「来れますか」が若干上回りました。同様の調査では、2015年度に「見れた」が「見られた」を逆転。そのときより今回「見れた」の比率は大きくなり、新たに「来れますか」が、「ら抜き」を使う人が多い側に加わったことになります。

複数の国語学者は「ら抜き」は日本語の乱れではなく必然的な変化だという見解を述べています。私なりにまとめると、「ら抜き」の伸長には「合理性」「歴史性」の二つの背景があります。「来られますか」だと尊敬の意味なのか可能の意味なのか分かりにくいので「来れますか」の方が選ばれる、という合理性。歴史性の面では、「行ける」「書ける」などという可能動詞は室町時代から発生したとされ、それが現在「来る」などにも及び始めたということです。

ただし、それを説明したうえで『岩波 日本語使い方考え方辞典』は「今のところ、フォーマルな場面や文章では使うべきでないという意識が強い」と記します。だから、新聞では「ら抜き」は避けています。地の文はもちろん、インタビューで話し手が「来れる」と言っても「来られる」と直して記事にしています。

テレビでも同様で、出演者が「見れる」「来れる」などと「ら抜き」を使っても、字幕では大体「見られる」「来られる」と「ら」を入れています。もっとも、どこまで直すのかはその時々の判断のようです。別の言葉ですが、あるバラエティー番組側のスタッフが「パクった」と言ったのに字幕は「拝借した」と変えられていました。しかしその取材相手である一般の人は「パクらない」と発言そのままの字幕を付けていました。身内の発言は直していいけれど、よそ様の言ったことはそのまま記すべきだという判断なのでしょうか。

それはともかく、冒頭のアンケートはどうしたかというと、「生きれる」のまま載せました。記事に「回答は原文のまま掲載」とあったからです。とはいうものの、これを見て「政党ともあろうものが日本語を大事にしないのか」と、「ら抜き」反対派の票が逃げていくことが全くないともいいきれません。それでも原文のままにした判断がよかったのか、ちょっと気になります。

（2021年11月28日　岩佐義樹）

# 生きているから「悲喜こもごも」

受験シーズンです。選別によって明暗が無情に分断されます。その発表の場は、しばしば「悲喜こもごも」と表現されます。

実はこの使い方は問題なしとしません。『大辞泉』では「一人の人間が喜びと悲しみを味わうこと」なので「悲喜こもごもの当落発表」のように「喜ぶ人と悲しむ人が入り乱れる」の意で使うのは「誤り」と明記しています。

しかし、毎日新聞校閲センターが運営するサイト「毎日ことば」（現・毎日ことばplus）のアンケートで意味を問うたところ、「喜ぶ人と悲しむ人が入り交じる」を選んだ人が47・7％と、「喜びと悲しみが交互に訪れる」の40・9％を上回りました。

誤りとされる使い方の方が多いからといって、「悲喜こもごも」を試験の当落発表の場に安易に用いてもいいとは思いません。でも、次の使い方はどうでしょう。

「ピアノコンクールという、さまざまな国籍の人たちが集まって優勝を争う勝ち残り方式のイベントにはまさに悲喜こもごものドラマがあり」（恩田陸著『蜜蜂と遠雷』幻冬舎文庫）

その場を単に、落選者の悲しみと勝ち残った者の喜びが入り乱れると捉えるなら「悲喜こもごも」は不適切かもしれません。しかし、参加者が予選、本選と進む中、それぞれ喜びや悲しみが交互に訪れるドラマを体験していると解釈すれば「悲喜こもごも」でも間違いとはいえない気がします。いずれにせよ、本来の意味を知ったうえで使っているのか知りたくなります。

そんなことを思っていた頃、今は亡き、やなせたかしさんのインタビューをテレビで見ました。やなせさんは「アンパンマン」の作者で、「手のひらを太陽に」の作詞者でもあります。その歌詞の1番が「生きているからかなしいんだ」、2番が「生きているからうれしいんだ」と、悲しいのが先になっているのはなぜかという質問に、やなせさんはこう答えます。

「悲喜こもごもと言うでしょ。喜悲こもごもとは言わない。悲しみがあって、喜びがある」「悲しみというのは、ずーっと続くわけじゃない。その後には喜びがある」

やなせさんも幼い頃、父親が死んで親類に預けられたり、戦争で弟を失ったり、漫画の仕事がなかったりと不幸を重ねてきました。だから人生は悲しみが先という認識があるのでしょう。しかし「アンパンマン」などで人々に生きる希望を与えてきました。「手のひらを太陽に」も「悲喜こもごも」の意味を自分のものとしたうえで感動的な歌詞に変換しています。

今、何らかの悲しみに直面している人には、本来の意味での「悲喜こもごも」という言葉をかみ締めてほしいと思います。「生きているからうれしいんだ」と言える日まで。

（2021年2月14日　岩佐義樹）

# 勝利か愛着か？「凱旋」の使い方

東京オリンピック（五輪）・パラリンピックが閉幕して２０２２年で１年が経過した。ここへ来て大会スポンサー選定をめぐる汚職事件が発覚し、今後の捜査に注目が集まっている。一方で、アスリートと関係者は２０２４年に開かれるパリ五輪・パラリンピックの代表選出へ向けて、すでに動き出している。東京大会が１年延期されたため、パリを目指す選考は通常よりも短期間で進んでいるわけだ。

パリは１９２４年に２度目の五輪が開催され、今回で３度目になる。英映画『炎のランナー』（１９８１年）を見て、そこで描かれた前回パリ大会を疑似体験した読者もいるだろう。ただ、残念ながら私はパリへ実際に行ったことがないので、凱旋《がいせん》門やエッフェル塔ぐらいしか、街のイメージが思い浮かばない。

古代ローマの皇帝や将軍が戦争で勝利したことなどをたたえるために建設された

のが凱旋門で、踏襲したものが欧州各地に見られる。凱旋の「凱」が戦勝に奏する楽、「旋」は帰るという意味だ。おなじみのパリ・エトワール広場の凱旋門は、アウステルリッツの戦い(1805年)に勝利したナポレオン・ボナパルトの命で建設されたという。

凱旋門は戦争と深く結びついているが、スポーツの記事でも「代表選手が凱旋帰国」などと使うことがある。2022年のプロ野球セ・パ交流戦で、日本ハムと阪神が対戦した試合の記事に「凱旋した『ビッグボス』こと新庄監督率いる日本ハム」という表現があった。かつて阪神で活躍した新庄剛志監督が、試合当日に甲子園球場の監督室に入り、感慨深げだった様子に引っ張られた表現のようだが、「凱旋? 新庄監督は何かに勝利したわけじゃないのに」と引っかかった。監督に就任したことをプラスに捉えたとしても、勝ち負けとは関係ない。

どちらかといえば「里帰り」という表現に近いのかもしれない。里帰りは、もともと結婚した女性が初めて実家に帰ることを意味したが、日本の美術品が海外の美術館で所蔵されて、展示会で一時的に日本へ輸送された場合などにも使う。女性も美術品も短期間滞在して「現住所」に戻る場合の表現だ。あくまで一時的な帰省のときに使うため、たとえば美術品が手続きを経て制作された国に永久返還されるような場合には使えない。

新庄監督は九州出身だが、プロデビューの甲子園は「故郷」と言ってもいいだろう。新庄監督が甲子園に来たのは一時的で、今の本拠地は札幌なのだから、里帰りが当てはまるのではないか。ただ阪神ファンが新庄監督を温かく迎えるムードから、凱旋と書きたくなったのも分かる。いつか優勝して「新庄、故郷に帰る」際には、真の意味で凱旋と書くことができるだろう。

（2022年10月9日　岡本隆一）

# ジェンダー議論　わきまえないで

東京オリンピック（五輪）・パラリンピック組織委員会会長が「女性がたくさん入る理事会は時間がかかる」との発言で辞任した。毎日新聞も当然、厳しい批判の声を多数掲載したが、ジェンダー関連の語について普段から検討している立場として、改めて時代の流れを確認できた出来事でもあった。

マスコミの用語担当者が集まり、言葉について話し合う「用語懇談会」では、ジェンダーに関する用語も多く取り上げられる。「女医」は「男医」とは言わないので避けるべきか、「女優」は「俳優」に言い換えた方がいいか。「家事に協力的ないい夫」との表現に対し「2人で分担して当然なのに、協力的なだけでいい夫といえるか」という議論をしたこともある。

男女対になる言葉がない語は使用を避けるという社もあるが、委員の大半は中年男性だ。「過敏ではないか」という見方もあれば、問題のある語を言い換えるのも、平等を意識してというより「波風を立てないように」という空気感も感じないではない。

ジェンダーに限らず、差別などに関する語は、そうした「気にする人がいるかどうか」で使用の是非を判断されがちだが、真に大事なのはそこではない。メディアが特定の価値観に基づいた表現を使うことにより、人々にそうした価値観を知らず知らずのうちにすり込んでしまうのが問題なのだ。たとえば、記事に付けるイラストで、いつも少年は青い服、少女はピンクの服だったらどうだろう。あるいは、外国人のイメージイラストが毎回金髪で白い肌だったら。

「試合終了後帰宅すると妻がねぎらってくれる。妻の料理で好きなのはピーマンの肉詰め」

あるプロ野球選手の記事にあった文章を、大学で講義をした際取り上げてみた。これだけ見ると単なるいい夫婦の記事だが、こうした文章が続くと社会的性差を固定化するか、というテーマだ。スポーツ観戦が趣味である自分自身、こうした報道に価値観をすり込まれた自覚もある。

学生の意見は、「お互い納得している夫婦の形。問題ない」「テレビで男性アスリートの妻の話になると、料理や育児の話ばかりで違和感がある」などさまざまだったが、「女性に仕事と家庭の両立について質問する報道が多いが、家事も育児も２人でやるものなら、男性にとっても両立は課題のはず。なぜ男性には聞かないのか」との見方には、はっとした。

五輪組織委員会会長の発言で、マスコミ各社も改めて世の潮流を突きつけられたことと思う。次に用語懇談会でジェンダー関連の語が議論になった際は、どんな空気になるだろうか。もちろんどんな空気でも、女性委員の皆様、わきまえずにいきましょう。当然、男性委員の方々も。

（２０２１年３月14日　水上由布）

# コロナ「差別」に言葉であらがう

新型コロナウイルスの感染拡大により、多くのことが「不要不急」と「必要至急」に分けられた。休業や自宅待機を強いられた人、リスクを負いながら働く人、どちらもが自分の仕事と向き合わざるを得なかったことと思う。私も感染拡大以降、校閲という仕事の意味を考えない日はない。

そんな中、ある見出しが目に留まった。「汚染場所　把握に苦心」。院内感染のあった病院で、リスクの高い場所と安全な場所を把握するのが難しかったという内容だ。医療用語では「汚染」に違いないが、自分が患者だったら、自分がいた場所、使った物が「汚染された」と書かれたら……と考え、はっとした。

人々が恐れているのは病気そのものだけではない。感染を知られ、広められ、差別されること。病気に対してはどうすることもできないが、差別に対しては「言葉」ができることがあるはずだ。「汚染」は差別意識を助長しかねない。その後「汚染」に出合った際は、「危険」や「リスクが高い」と言い換えてもらった。

同様の例に、「感染が発覚した」という表現がある。「発覚」は「隠していた悪事・陰謀などが明るみに出ること」(『大辞泉』)。近年は単に「判明した」意味で使われることも増えたが、その用法が適切かは用語の会議で俎上《そじょう》に載せられたこともある。何より、依然として悪事や隠蔽《いんぺい》に使われることの多い語なので、「感染が発覚」では「感染＝悪、隠すべきこと」という印象を無意識下に植え付けてしまいかねない。感染したことに対して「発覚」を使っている場合、「分かった」「判明した」など別の表現を検討してもらった。

別の日。ウイルスの影響によって技能実習生が来日できなくなり、日本の農家が人手不足に悩んでいるという記事を担当した。別の業界で雇い止めになった外国人を雇用する案もあるといい、「他の分野の研修で来ている人が、農業でどれくらい使えるか分からない」という雇用側の談話が紹介されていた。「使える」。遠い異国に来て、日本の産業を支えてくれる外国の人たち。「部下を使う」などは日本人同士でも言うかもしれないが、しかしやはり、外国の方に対して敬意を欠いていいと読み手に思ってほしくない。相談の上「働いてもらえるか分からない」となった。

感染発生以来、世界で中国をはじめアジアの人々への差別が問題となり、欧米ではマイノリティーの死亡率が高いという。差別が生死を分け、ウイルスがその差別をさらに加速させる。差別を食い止める一つの武器――それが「言葉」だ。

今「言葉」ができること。いつもそれを問いながら、原稿に向かう。校閲者として、また一人の人間として。


（２０２０年7月26日　水上由布）


【筆者追記】

新型コロナウイルス感染症は今や多くの人が罹患《りかん》しているが、感染拡大初期は感染者が嫌がらせを受けるなどし、結核やハンセン病など繰り返されてきた病由来の差別はこうして起こるのだと痛感した。その教訓は感染症法上の5類に移行した今も胸に刻まれている。

# 万博で広がれ！　障害の真の意味

大阪・関西万博の開幕は２０２５年４月。機運が醸成されているという実感は今のところないが「いのち輝く未来社会のデザイン」というコンセプト通り、年齢や性別、国籍あるいはルーツ、障害の有無、性自認などを問わず、あらゆる命が輝く未来へのイメージが示されるのならば素晴らしい機会だ。

しかし、どうやらそこに至るまでの道のりは多難らしい。施設のバリアフリーガイドラインが不十分で、当事者から批判の声が上がりやり直しとなった。それを報じる原稿や図が手元にやってきたが、運営側が発表した万博のイメージ図の中の客に「外国人や家族連れは描かれているが、障害者は見当たらない」と指摘している。

イメージではあるが「障害者＝見た目で分かるもの」としてしまうのは良くない。相談して「車いす利用者ら」とした。わずかなことだが、ユニバーサル社会を目指すための記事ならば、障害者とはこういうものだという固定観念につながる表現は少しでも取り除きたい。

障害に関する固定観念といえば、以前、毎日新聞のコラムに「障がい者」表記について書いた。害の字を避けても、「障」もよい意味ではない、「障がい者」「障碍（障害の元の表記）者」は意識されすぎているようで違和感を持つ人もいる、といった理由で新聞は「障がい」の方がより良いとはしていない。

コラムでは、「障害」の真の意味は、動かない足や見えない目ではなく、車椅子では移動できない建物や、見えない目では危険なホームなのだ、障害者とは「身の回りに障害の多い人」なのだ、と書いた。ボランティア養成の現場で紹介されるなどしている考え方だが、編集者、評論家の木津川計さんが目の覚める思いがしたと共感のお便りをくださり、浸透していくべき見方だと意を強くした。

障害は社会の側にあるものだと認識されれば、害の表記にさほどこだわる必要はない。「障害者」が現在の意識を固定化する表記なら、痴呆症が認知症に変わったように、全く新たな語が生み出されてもいいのではないか。紙面でそう書いたものの、万博のバリアフリー指針改訂騒動を見る限り、成熟した社会はまだ遠そうだ。

「外国人や家族連れは描かれているが、障害者は見当たらない」――この表現、本当は「外国人」も気になった。観光地の写真などで、顔つきや髪の色で「外国人」とすることは現状許容してしまっているが、日本人という可能性も大いにある。近いうちに新聞の写真説明などでも見た目では判断しない時代が来るはずだ。「いのち輝く未来社会」。万博とともに新聞もまた、そのデザインを先導していく立場にある。

(2023年1月29日　水上由布)

目を酷使する仕事。ちょっと疲れ気味？
＝毎日新聞東京本社で、高橋勝視撮影

# 第6章

# 辞書の中の奥深い世界

# 広辞苑で料理も上手になるかな

10年ぶりに改訂されて『広辞苑』（岩波書店）第7版が発行されたのは２０１８年1月だった。新聞を含め報道は「がっつり」「ちゃらい」など新規採用語を話題にしたが、校閲記者としては既存項目の語釈（語義の説明）の見直しの方が気になる。「広辞苑によると」と引用されることが最も多い辞書だが、職場には語釈がそっけないとして「アンチ広辞苑」の先輩もいる。だからかどうかは分からないが、岩波書店辞典編集部の平木靖成さんによると第7版では類義語、特に動詞の書き分けに力を入れたそうだ。国立国語研究所の柏野《かしの》和佳子さんらに依頼してできた語釈を見て「まさにこれを求めていた」と喜んだという。

柏野さん会いたさもあって２０１８年12月、国立国語研究所のオープンハウスに出かけた。柏野さんの発表は「用例分析に基づく国語辞典情報の見直し」。生きた用例を多数収集し、それをいわゆる誤用か、はたまた新しい用法かと分析しながら辞書の語釈を考えていく過程が聞けて楽しかった。

平木さんが書き分けの例でよく挙げるのは調理用語の「焼く」と「炒める」だ。第6版の「焼く」は「火に当てる。あぶる」、「炒める」は「食品を少量の油を使って加熱・調理する」だった。これが、第7版で「焼く」は「火を当てたり熱した器具の上に乗せたりして、食材を加熱・調理する」、「炒める」は「熱した調理器具の上に少量の油をひいて、食材同士をぶつけるように動かしながら加熱・調理する」となった。加熱・調理の方法の違いが明快だ。語義を考えるだけでなく、短く言い表すのに苦心しただろうと柏野さんの話を聞きながら想像した。

たとえば料理の欄を校閲していて「作り方を見るとタイトルは『○○煮』よりも『○○蒸し』の方が合うのでは」のように言って直すこともある。今後「焼く」「炒める」の違いを『広辞苑』第7版で確認して「油を使いフライパンを動かしながら加熱するから『焼く』より『炒める』と書いた方がよい」と提案することもできるだろう。

平木さんが言っていた。

『炒める』の語釈がうまく書けたといっても、ほとんど誰の役にも立たない。でもこういうのが面白いっていう人が世の中にいるからニュースになったりする。100メートル走のタイムをどれだけ縮められるかに人が興味を持つことと、辞書づくりもどこか似た作業だと思う。文化の底力、科学でいう基礎研究のような……」

校閲の仕事のうえでは、辞書は間違いなく役に立つ。その校閲の結果は何かを生み出すわけではない。けれど……多くの人に分かりやすく読んでもらえるだけでいい。目に見える「役に立つ」でないことのために日々ゲラ（仮刷り）と向き合っている。

（2019年2月17日　平山泉）

# 「敷居が高い」本来の意味は

ウメダFM Be Happy!789を聴きながら朝刊を読むのが私の日常である。平日午前10時に始まる「Be Smart!」はどのディスクジョッキーも爽やかな声を届けてくれるが、中でも火曜日担当の西田愛《めぐみ》さんの声がとてもチャーミングで名前通りに愛らしい。リポーターやナレーターとしても活躍している。

そんな彼女が1月の放送で「敷居が高い」について話していたから、新聞を読むのを中断して聴き入ってしまった。校閲の性《さが》であろう。西田さんが友人3人で訪れたランチ。その店の値段の高さに気後れして「敷居が高い」と友達が言ったところ、もう1人が「その使い方は間違っている」と指摘したというもの。西田さんは驚きながら言葉の正しい使い方を知ったと番組内で伝えていた。

「敷居が高い」を『広辞苑』の初版（1955年）ではこう説いている。

〈不義理または面目ないことなどがあって、その人の家に行きかねる状態にある〉

しかし私も、校閲に入って学ぶまでは「高級すぎたり上品すぎたりして、気軽には入りにくい」と受け止めていた。文化庁が２００８年度に行った「国語に関する世論調査」でも伝統的な意味で使う人が42％、新しい意味で使う人が46％、両方の意味で使うと答えた人が10％という結果になったから、若い世代を中心に本来の意味合いが薄れつつあるように感じられる。だから西田さんにとっては「目からうろこ」状態だったのだろう。

新聞は言葉の使い方については保守的な傾向にあるから、これまでも私が「敷居が高い」と書かれた文章をそのまま通しても、内容を吟味したデスクが出稿元と相談しながら「入りにくい」などと直してきた。

新語を積極的に採用する『三省堂国語辞典』を開いてみよう。第6版までは誤用のただし書きで「(高級な店などに) 気軽にはいれない」としてきたが、２０１４年の第7版から、遅くとも戦後にはあった言い方として「(庶民にとってお役所は) 近寄りにくい」と解釈を広げている。

そして『広辞苑』もついに動く。2018年1月発刊の第7版。私はうなった。新しい意味が付加されている。

〈不義理または面目ないことなどがあって、その人の家に行きにくい。また、高級だったり格が高かったり思えて、その家・店に入りにくい。敷居がまたげない〉

『広辞苑』が認めたとあっては一般化したと見ていいのではないか。権威に弱い私は揺れてしまう。

本来の意味を頭で理解しつつ、新しい用法もその場で誤解がなければ認めていいのではないかと、私は西田さんに今さらながら伝えたい。

（2019年12月1日　林田英明）

【追記】

西田愛さんは2023年現在、MBSラジオ「ありがとう浜村淳です」などに出演している。

# 李下に冠を？正さなければ

「まさに『李下《りか》に冠を正さず』ですね」「はい」「ではまたあした」

ニュース番組のキャスターが気持ちよさそうに番組終了を告げました。そういえばここ2、3年、国会での答弁、企業の不祥事を報じる際など、よく目や耳にすることわざの一つではないでしょうか。

実は私にはこのことわざにまつわる懐かしくも悲しい思い出があります。忘れもしません、中学1年の国語の授業で先生が「はい、この言葉の意味が分かる人、手を挙げて」とみんなの顔を見回しました。「誰もいないのか。では渡辺、意味を答えて」と聞かれてしどろもどろになってしまったのです。

「えーっと、スモモの木の下で王は冠をかぶってはいけない。その心は……」。穴があったら入りたい気持ちをがまんしていると、「おーっ、スモモが出てくるとは上出来だ。だが、意味は少し違うな」と先生はやさしく解説を始めました。パソコンもインターネットもなかった時代。家に帰ると母から１０００円札をもらい、町に１軒しかない書店に「ことわざ辞典」を買いに走ったことを、きのうのことのように覚えています。

私はその辞典で「押っ取り刀で駆けつける」の意味の取り違えも初めて知りました（ゆったりおうように構えていざというとき強い、大物用心棒のイメージを持っていました。実際は腰に刀をさす間もなく、大急ぎで駆けつける意味）。

そこで、ふと考えます。「李下に冠を正さず」は有名なことわざだ、といわれていますが、つい先日も「李下」が「季下」になっている原稿に出合いました。読み方を含め意味を正確に理解している人は、若年層を含め、そんなに大勢いるのでしょうか。

『広辞苑』などを参照すれば「スモモ（李）の木の下で冠の曲がっているのを直すと、李の実を盗むのかと疑われるということから、他人の嫌疑を受けやすい行為は避けるようにせよ」という意味。しばしば「瓜田《かでん》に履《くつ》を納《い》れず」（ウリ畑の中では、脱げたくつをはき直すためにかがむとウリを盗むかと疑われる。嫌疑を受けやすい行為は避

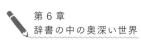

ける方がよいという意味）と対句をなして用いられる、中国古典（古楽府《こがふ》「君子行」）由来のことわざだということになります。

耳に聞こえのいい言葉というだけで意味も分からずに使っていないか、一つの流行のように連呼している状況にないか——本来の意味を読者に伝えていく努力をする中で、現在の使われ方はどうかをウオッチしていくのも、私たちの大切な姿勢だと考えます。

そのうえで、千数百年の時を超えて生き延びてきた、いわば「君子」の心構えを説いた言葉がこれほどクローズアップされているのだとしたら、世の中の乱れを象徴しているのかもしれません。

（2020年3月8日　渡辺静晴）

## ろくろを「ひく」挿絵を見て納得

岐阜県多治見市。JR多治見駅から歩いて10分ほどのところに、その店はある。何十年もの間、コトコト煮込んだうどんを出し続けてきた「にこみ茶屋　好美」。カウンターの向こうで好美おばあちゃんが、せっせと手を動かす。そして合間に、こんな話を聞かせてくれる。

「多治見は昔、タイルの町でね。嫁いできた頃はタイル職人さんばっかりだった。女の人たちも働き者で、内職でタイルを磨いてね。ヤスリをひいてタイルをきれいにするの。顔は粉じんで、真ーっ白」

おばあちゃん、いまヤスリを「ひく」って言ったかな。押したり引いたりするイメージだろうか。そう考えながら、「ろくろ」の記事のことを思い出していた。

陶芸にまつわる、毎日新聞のあるインタビュー記事を校閲していたときのこと。

「いろいろ作ったよ。急須とか。ろくろをひいて」
語りの中で気になったのは、「ろくろをひく」という表現だった。ろくろは「回す」ものという気がするけれど……。手持ちの電子辞書で「ろくろ」の項を見ると、いくつか並んだ説明の中に「木地細工などで円い挽《ひ》き物を作る工具」とあった。「挽き物」？　今度は耳慣れないこの言葉を引いてみると、「ろくろで挽いて造った器具」。なんと、ろくろは「ひく」ものだったのか！

しかし、不思議に思う。陶芸家さんたちが使っているあの円盤状の道具って、どう見てもぐるぐる回っているけれど、なぜ「ひく」と言うのだろう？

こういうときは、紙の辞書に手を伸ばす。『広辞苑』で「ろくろ」を引くと、そこには挿絵が載っていた！　絵の中で使われているろくろは、人力。1人がひもを引っ張って、軸を回転させている。軸の先端に鉄製の爪が取り付けてあって、爪には木が固定され、軸が回転することでえぐり削られる――という仕組みだ。さらに「ろくろ」の項をよく読むと、別の説明があることに気がついた。「轆轤《ろくろ》台のこと」。「轆轤台」の項に飛ぶと、「陶磁器の成形に用いる回転台」。なるほど、そういうことか――。

そもそもろくろには、陶芸用と木工用があったのだ。木工用の「二人びきろくろ」は、既に奈良時代には使われていたらしい。「ひもを引っ張る」ことで回転させて使うろくろの構造をもって、「ひく」という言い回しが採用されたのではないだろうか。その動詞が、現代の陶芸用の「回る」ものでも慣用的に使われているということか。

『広辞苑』の挿絵を見てみてほしい。傍らで遊ぶ幼児をあやしながら、職人さんが懸命にろくろを引っ張っている。そのちぎれそうな腕に、多治見の女の人たちの粉で真っ白な顔を見る。好美おばあちゃんの、休むことがない両の手も。働き者は美しい。いくつになっても美しい。

（２０２０年３月29日　湯浅悠紀）

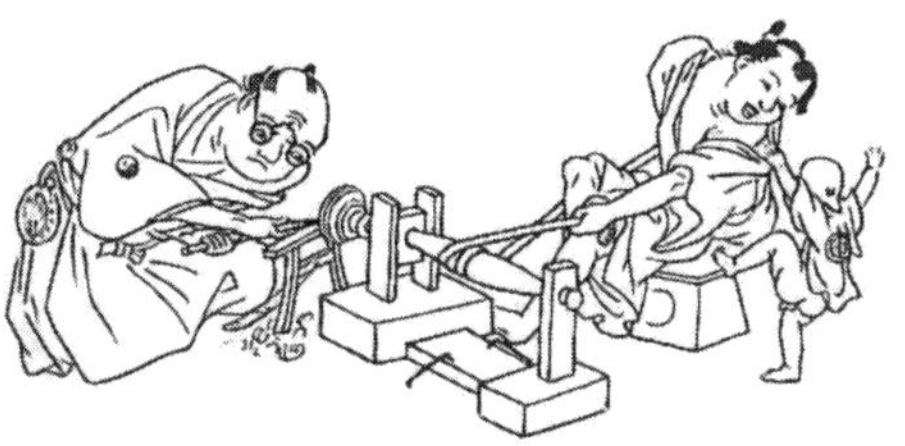

『広辞苑』（岩波書店）第７版【轆轤】の挿絵
（3143ページ）

# 小よく大を制す　辞書の鉄道用語

電車に乗っていると乗務員室の中から大きな声が聞こえてくることがあります。

「出発進行！」

出発進行――子どもから大人までおなじみの掛け声ですが、改めてその意味を考えることはあまりないのではないでしょうか。「全員集合」とか「全速前進」とかいう号令と似た感じはありますが、「出発して進行」するというのでは、当たり前すぎて変です。

種明かしをしてしまえば、これは単なる景気づけの掛け声などではもちろんなく、「出発信号機は進行（青）を表示している」ということを確認する、れっきとした意味のある言葉なのです。

出発信号機は、列車を駅から動かしてよいかを示す重要な役目をつかさどり、ポ

イントの切り替えなどが済んで安全に発車できる準備ができるまでは赤信号を表示しています。発車時刻が来て、この信号が青になると「出発（信号機は）、進行（青になったぞ）」と、声に出して確認するのです。ですから、赤信号以外ならば「出発、減速」「出発、注意」と確認しての発車もあり得るわけです。

こうしたやや専門的な用語の意味が辞書でも分かるものか、試しに調べてみました。すると、『三省堂国語辞典』（第7版）に

**しゅっぱつ**【出発】②〔鉄道で〕↑出発信号機。「―進行〔＝出発信号機が、進行を示す青になっているとき、運転士が発することば〕」

と、あるのが見つかりました。一般向けの小型国語辞書なのにと少し驚きましたが、この辞書、声で確認する「喚呼」についても

「出発」の字が見える京王線調布駅の信号機。
今は地下駅で出発信号機もない（1978年、筆者撮影）

**かんこ【喚呼】** 鉄道員が、信号などを確認して声に出すこと。例、「出発〔＝出発信号は〕、進行！」。

と、「！」まで付けて、気合の入った？説明文です。

対する大型辞書の『日本国語大辞典』（第2版）を見ると

**かんこ【喚呼】**〔名〕呼ぶこと。大声で言うこと。（中略）＊駅夫日記（1907）〈白柳秀湖〉四「汽車が着いた。私は駅名喚呼をしなければならぬ」

これは声出し確認ではなくて「アナウンス」のことですね。マイクなど使わない肉声の「喚呼」。昔の駅の情景が、列車到着時のざわめきとともに浮かんできますが、この「喚呼」はあくまで一般的な意味での使い方の範囲です。

サイズもページ数も段違いなのに、小型辞書の方に詳しい語釈が見つかることもあるという例です。辞書の個性が光ります。

鉄道システムの近代化で昔ながらの信号機は少なくなっています。さらに将来、運転の自動化や無人化が進むと運転士の喚呼も過去のものとなるでしょう。そのとき「出発進行」は死語となるのか、それとも本来の意味とは完全に切り離されて生き残っていくのか――見届けてみたい気もします。

（2021年12月5日　山本武史）

【追記】

このコラムが掲載された直後に出た『三省堂国語辞典』第8版では「出発」の該当の文はこうなりました。「〔運転士が〕――、進行〔＝出発信号機が青なので、進行します〕」

# ポチとポチるとヤッターマン

きょうもまたポチってしまった。

飼い猫の砂、そしてプリンターのインク。毎週届く生協の宅配食材の注文も夜中にポチポチ。

新型コロナウイルス禍の影響で、料理の宅配――昔は「出前」と言ったものだ――もかなり見られるようになった。特に若い世代では電話注文よりポチることの方が圧倒的に多いのではないか。

「ポチる」という言葉を、ネット上で商品の購入ボタンを押して買うという意味で使っていたが、どうやら「俗語」らしい。もちろん犬の「ポチ」とは関係ないはずだ。

『広辞苑』（第7版）をめくってみたが、動詞の「ポチる」はない。あったのはこの二つ。

**ぽち**（多く「ポチ」と書く）犬の名として広く使われた語。

**ぽち**【点】①小さい点。ちょぼ。ぽっち。②（京阪方言）心づけ。祝儀。チップ。

一方、『デジタル大辞泉』にはこう書かれていた。

**ぽち・る**《「ぽち」はボタンを押す音。「ポチる」とも書く》俗に、オンラインショップなどで購入ボタンを押す。ボタンを押して購入する。

そもそも「ポチる」はどこで生まれた言葉だろう。

テレビアニメ「ヤッターマン」の悪党一味のボヤッキーが「ポチッとな」と言って装置のボタンを押すシーンから、という見方がある。おお「ヤッターマン」は子どもの頃に夢中で見ていたアニメじゃないか！　ボヤッキーのいじましいキャラクターも面白かった。

辞書では「ポチッ」は擬音語のように書かれるが、ボタンを押すというアクションはもともと目立ちにくいから、アニメでは擬態語的なせりふとなったのだろうか。ボヤッキー役の声優、八奈見乗児《やなみじょうじ》さんのアドリブ説もあるようで、当時の状況をお尋ねしてみたいが、残念ながら2021年、90歳で逝去された。ゲーム「ポケットモンスター」シリーズでも、ボタンが出てくる場面で「おしてみよう！ ……ポチッとな！」と表示されることがあるというから、ボヤッキーの表現力は偉大だ。

ところで「ポチ」は『広辞苑』で「犬の名として広く使われた」と過去形になっていた。昔はありふれた名前だったのかもしれない。しかし、ペット保険大手のアニコム損保が2021年秋に発表した名前ランキングでは、1位が「ムギ」、以下「ココ」「ソラ」「モカ」「マロン」……と続き、「ポチ」は30位までにも入っていない。

一方、毎日新聞の人気コーナー「仲畑流万能川柳」では、「幸福度比べられないポチとタマ」（「名誉教授」さん）のように、「犬＝ポチ」と記号化している。「ポチる」は俗語ゆえ報道記事では今のところ使えないが、犬の「ポチ」は紙面にケン在だ。

（2022年3月27日　浜田和子）

# 「ばえ」の流行　気軽にシェア

「バエちゃん？」

２０１９年春、毎日新聞社に入社し、どきどきしながら配属先の校閲センターに向かうと、新入社員名簿を手にした先輩たちに聞かれた。心の中で思った。

「やっぱりそうきたか！」

私の名前は「映」と書いて「ハユ」と読む。幼い頃から数え切れないほど「ハエちゃん」「エイちゃん」と間違われてきたが、「バエ」という読み方をされたのは初めてだった。当時はちょうど、「インスタ映《ば》え」から「ばえ」の読みが独立して動詞化した「映える」という言葉の流行が話題になり、２０１８年末には三省堂の「今年の新語」大賞に選ばれていた。だから、言葉への感度の高い先輩方が面白がって「バエ」と読んだことに対して「やっぱり」と感じたのだ。

それから4年近く。「ばえる」は2022年1月に発行された『三省堂国語辞典』の第8版で見出し語に追加されるなど、大出世を遂げた。江戸時代の国学者・本居宣長は「古代日本語には濁点で始まる言葉がほとんどない」という発見をしており、単独で「ばえる」と読むのは不自然だという声が根強かった。にもかかわらず、イレギュラーな読み方がここまで定着した理由の一つに「使いやすさ」があったと思う。「青空に映える雪山」などは「はえる」と読むのがしっくりくるが、スイーツの写真をインスタグラムに投稿する際に使うのはなんだか仰々しい。濁った読み方をして俗なニュアンスを含ませた「ばえる」の方が気軽に使いやすい、という感覚は理解できるように思う。

一方で、毎日新聞の「仲畑流万能川柳」欄にこんな句があった。「映えるかを味より重視してる店」(「大和三山」さん、2022年4月)。この句のように、見ばえばかり追い求める風潮を疑問視する向きも確かにある。母も「美しい言葉だと思って名付けたのに、最近は簡単に『ばえる、ばえる』って……」と不満顔だが、私は「ばえる」が持つ「気軽にみんなにシェアしたい美しさ」という親しみやすさもけっこう好きだ。

どこか自分に重ねてしまう「映える」。その変遷をたどると、昔からある言葉が突然脚光を浴び、形を変えながら大量に消費され、印象も変わっていく——そんな様子を目の当たりにしたようで、改めて言葉は生ものなのだと感じた。

そして、以前はやり言葉について話したときに先輩が言っていた「時代の空気をまとった言葉は、その時代に青春を送った人の手でしか捉えられない」という言葉がよみがえる。昔流行した音楽をふと耳にして当時の空気感や感情を鮮明に思い出すことがあるように、言葉も時代の空気を帯びることがある。

10年、20年後にふと「ばえる」という言葉を見聞きしたら私はきっと、この職場に初めて足を踏み入れたときの、不安と期待が入り交じったあの気持ちを思い出すのだろう。

（2023年1月15・22日　久野映）

# 岩波国語辞典にみる「雨模様」の模様

すっきりとしない季節になった。6月の大阪は雨模様の日が続く——。こう書くと、どのような空を思い浮かべるだろう。今にも雨が降り出しそうな曇り空か、はたまた雨が降りしきる様子か。雨模様は本来、雨が降りそうな状態を指すが、最近は降ったりやんだりの意でも使われている。解釈が分かれてしまうのは悩ましい問題だ。今回は「雨模様」の記述の移り変わりについて、新聞校閲でも活躍する『岩波国語辞典』に焦点を当てて見ていきたい。

『岩波国語辞典』とは1963年に岩波書店より出版された辞典で、各項目の「▽」印以下にある「注記」で語義をしっかりと補足説明しているのが大きな特徴である。

雨模様について話を戻すと、初版の「あまもよう」の項目に「今にも雨が降りそうな空の様子。あまもよい」とあった。１９７９年の第3版からは「あめもよう」の項目に語釈が移動したものの、語義そのものに変化は見られなかった。しかし、版次を重ねた２００９年の第7版で注目すべき変化が起こる。雨模様に「▽雨の降る様子を言うのは誤用」という注記が加えられた。初版からおよそ半世紀を経て、「雨降り」の意味は『岩波国語辞典』で誤用として登場したのである。

ちなみに２０１０年度の文化庁による「国語に関する世論調査」では、「外は雨模様だ」という例文について「雨が降りそうな様子」と答えた人が43・３％であったのに対し、「小雨が降ったりやんだりしている様子」と答えたのが47・５％だった。２００３年度の調査においても前者が38・０％、後者が45・２％といずれも本来の意味を上回る結果だったことも見逃せない。

そして最新版の第8版（２０１９年）では「▽雨の降る様子を言うのは誤用」との注記が消え、その代わりに「▽小雨が降ったりやんだりする様子を言うことがある」という記述が登場した。誤用とする注記が、登場したその次の版で（本来の意味や用法ではないものの）改められたのはとても興味深い。

岩波書店に注記の変更に至った経緯をうかがったところ、雨模様は辞典編集部においても悩ましい言葉の一つとしつつ、第8版では「全体的な使用状況から『誤用』とするのをやめた」とのことだった。また、新しい意味・用法が定着したかを見極めるのはとても難しく、「誤り」や「誤用」と追記もしくは削除すべきかは、改訂の度に慎重に吟味していることも教えてくださった。辞書編集者もまた、雨模様に悩んでいるのである。

なお毎日新聞の記事では雨模様のような両様に解釈できる表現は避け、筆者に当日の天候の確認をとって「曇り空の下」や「小雨が降る中で」などとしているが、梅雨は明けても語釈をめぐるすっきりとしない状態は、まだ続きそうである。

（2022年7月10日　高島哲之）

# 辞書に謎の言葉「十七載」とは？

国語辞典には知らない言葉がたくさん載っている。調べ物のついでに見たこともない語が目に入り、こんな言葉があったのかと新鮮に驚く。初見の言葉が多すぎて自らの不勉強に恐怖を覚えるが、それでも知らないままでいるよりはよかったと言い聞かせ、絶望しないようにしている。

『岩波国語辞典』をめくっていて、ある見出し語が目に留まった。

〈**【天運】**①天から授かった運命。天命。〉

の後にこうある。

〈②天体の運行。「―めぐる十七載」▽②は既に古風。〉

「天運めぐる十七載」とは何だろう。

『日本国語大辞典』で「天運」を調べると、こちらは「天体の運行」を第一の語釈とし、次の用例を添えている。

「天運三十歳一小変、百年中変、五百載大変」(『史記』天官書)

「天運」とセットで「載」がまた出てきた。相性のよい組み合わせなのだろうか。「三十歳、百年、五百載」に対し「小変、中変、大変」という構成から、「歳＝年＝載」であるらしいと分かる。「載」の字には「のせる・のる」の他に、元日から大みそかまでの一めぐり＝「とし」の意味があるのだ。『字通』(白川静著、平凡社)によると、年歳のことを「虞《ぐ》には載、夏《か》には歳、殷《いん》に祀、周に年という」。虞、夏、殷、周は古代中国の王朝名だ。載や歳、年はそれぞれの国で祭りや収穫を表した字で、それが一年の周期で行われることから年歳を意味するようになったらしい。意識したことがなかったが、「千載一遇」の載だと考えると納得がいった。

「十七載」＝「17年」ということは分かったが、「天運めぐる十七載」についてそれ以上詳しいことは突き止められなかった。用例が短すぎてヒントが少ない。なぜ「17年」でなぜ「載」なのか、深い意味はないかもしれないが、想像が膨らむ。たとえば公転周期が17年の惑星のような天体があって、その運行の話なのか。どこかの作家が「17年」という年月を、格調高く書いた文学的表現か。答えは出ない。こんなに「分からない」ものが分からないままに、手のひらの上の本に載っている。身近な存在であるはずの小型辞典が不意にミステリアスな表情をまとって見えてくる。


この用例は2000年刊行の第6版から採録された。岩波書店に由来などを尋ねてみると、辞典編集部から親切にお返事を頂いた。

「この用例を選んだのは、第7版までの編者で既に物故された水谷静夫先生ですので、実際にどのようなところからこの用例を見つけられたのかは不明とお答えする以外にありません」「語義②自体が『既に古風』とされていますので、おそらく古い小説あたりから引用されているのでは、と推察するのみです」

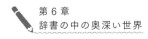

どこかにあるかもしれない〝元ネタ〟にいつか出合えたりするだろうか。天文学的確率に、少しだけ期待してしまう。

（２０２２年８月28日　塩川まりこ）

# 第7章

# ところ変われば……

## えっ通じない？　新潟方言の数々

「鼻を曲げる」って表現、知っていますか？　へそではなく、鼻です。ある日、先輩に聞かれ、「え？『機嫌が悪くなり、むっとする』くらいの意味ですよね」と答えると、「やっぱり薄《うすき》さんは知ってるんだ。辞書にも載っていないし私は知らなかったよ」と言われ、きょとんとしてしまいました。

これ、新潟の方言だったのです。日常的に使っていた新潟出身の私は、辞書にも載っている普通の言葉だと思っていました。

数日後、別の同僚からもたまたま同じ質問をされました。ある紙面の校閲をしているときに「鼻を曲げて」とあり、同僚は「むっとして」などに表現を変えることを提案したそうです。私が校閲を担当していたら、違和感を持たずにそのままにしていたでしょう。

方言を新聞で使用してはいけないわけではありません。会話文の中で使われているのであれば、そのままの表現でも構わないと思います。ただし、多くの人が理解できないのならば、標準語に直すか、注釈を付けるべきでしょう。悩ましいのは、語尾などが違えば方言とすぐに分かるものの、今回のように表現が独特で方言とは気づいていないものがあることです。

たとえば、「(先生に)かけられる」。大学進学に伴い東京に出てきた私。大学の友人に「明日の授業で、かけられるかな」と言うと、ぽかんとした顔をされました。これは、標準語の「さされる」「あてられる」にあたる方言。言葉が通じず、赤面してしまいました。

また、「大洋紙《たいようし》」という言葉。これも新潟固有の言い方だそうで、一般的に「模造紙」と呼ばれる紙のことです。学校の先生も確かに大洋紙と言っていたし、今さら模造紙と言われたところで、ぴんときません。ただ、なぜ新潟だけ大洋紙と呼ぶようになったのか気になり調べても、はっきりしたことは分かりませんでした。ちなみに模造紙は、『日本国語大辞典』によると、明治時代に大蔵省印刷局が製造した紙をオーストリアが模造し逆輸出してきたものを、さらに日本で模造したもののこと。面白い由来ですね。この模造紙、地方によってさまざまな呼び方があり、熊本や佐賀では「広洋紙《ひろようし》」、香川、愛媛で「鳥の子《とりのこ》用紙」など――。

代々その土地で使われてきた言葉は文化です。これからも残っていってほしいと思います。一方で、新聞は多くの人の目に触れるもの。理解できない人がいる言葉は、使わない方がいいのも事実です。新潟で18年過ごした私には今回挙げたもの以外にも、標準語と思い込んでいる言葉がまだまだあるはず。そんな表現が出てきて「それ方言だよ」と指摘されたときは、「新潟の人には通じるもん」なんて「鼻を曲げず」に、粛々と赤字を入れたいと思います。

（2022年8月7日　薄奈緒美）

# 飲み方と言う？　意外な方言分布

西日本豪雨の警戒情報が流れていた２０１８年７月５日夜、自民党議員が「赤坂自民亭」と称する酒宴を開いていたことが問題になりました。この日の開催の是非はともかく（まあ間違いなく「非」でしょうが）、毎日新聞の文中でその会合を説明する語が「飲み会」となっていたことから、そもそも「飲み会」は新聞で使ってよい語なのかが社内で議論になりました。

実は「飲み会」を載せていない国語辞典もあります。新聞の政治記事でもあまり見ないので、適切な言葉かという疑問の声が生じたのです。ただし今は「飲み会」を少なからぬ辞書が採録しています。21世紀の改版で入れた辞書が多いようです。

一般的に「飲み会」という言葉に読者がなじんでいるかどうか確かめるつもりで、毎日新聞校閲グループ（現・校閲センター）のウェブサイト「毎日ことば（現・毎日ことば plus)」で読者に質問しました。「数十人で酒食を楽しむ会は?」という尋ね方だったせいか、回答の選択肢としては「飲み会」より「宴会」を選ぶ人が圧倒的でした。しかし思ってもいない反響がありました。

大西一史《かずふみ》・熊本市長から「熊本では『飲み会』のことを『飲みかた』と言います」というツイートが寄せられたのです。東京で使って「何の飲み方?」と言われ、初めて方言と分かったとのこと。これは拡散され、各地から投稿がありました。熊本からは方言であること自体を「知らなかった」、宮崎、長崎、佐賀、鹿児島でも「飲みかた」「飲んかた」と言うといった反応が届きました。

そして面白いことに、秋田県央、山形、福島の会津からも「飲みがだ」「飲みかだ」「飲みかた」と言うとの報告が。他の地方からはこういう声がありませんでしたから、九州と東北限定の方言なのかもしれません。

『日本国語大辞典』を引くと、確かに「のみかた」は酒宴を表す方言とあります。使用地域は山形県、佐賀県、熊本県、鹿児島県が挙げられているので、ツイッターの証言とだいたい同じ分布となっています。

懸け離れた地に共通の方言があるといえば、思い出されるのが松本清張の推理小説『砂の器』。２０１８年相次いで亡くなった俳優・加藤剛さんと脚本家・橋本忍さんが携わった日本映画屈指の名作の原作です。島根県・出雲と東北の方言の共通性が捜査の手がかりとなりました。

民俗学者・柳田国男は、方言が中央から地方に波紋状に広がるという「方言周圏論」を唱えました。「飲み方」がそれに該当するのかは分かりません。全くの偶然なのかもしれません。しかし九州と東北の「飲み方」の一致に必然性が見いだせるとしたら、下手なミステリーよりも刺激的です。

（２０１８年9月16日　岩佐義樹）

# 姉ちゃん　俺は歌っとうで

阪神大震災から四半世紀がたった。私が毎日新聞大阪本社に入社したのは２００５年だが、当時は先輩と酒席をともにするたび、「あの日は大変やったんや」と新聞社の「あの日」の話になった。今や震災後に生まれた世代が入社する時代となったが、２０２０年の震災報道を見てもやはり、歴史になるには早すぎる。地続きの生々しい記憶は今もそこここにある。

　そうした記事の一つ、高齢となった被災者の孤独を伝える原稿にこんな言葉があった。

「ここには誰もきいへん」

　最初に読んだ校閲記者から「きいへん」ではなく「きいひん」ではないかと質問を受けた。私は違和感を持たなかったので、関西ではこういう言い方もすると答えて相手も納得し、話はそこで終わった。後で考えてみたが「来ない」は関西弁で「きいひん、きいへん、けえへん、こおへん、きやへん、こん」などさまざまある。もしかしたらこれ以外にもあるかもしれない。方言は言葉自体も使用地域も境目は曖昧だ。

そこまで考えて、ある学生の言葉を思い出した。校閲記者として大学で講義をした際、提出してもらったリポートで、自分の言葉が留学生の学びに与える影響を論じてくれた学生がいたのだが、その中に「留学生とはなるべく標準語で話すようにしている」とあった。確かに、テキストで日本の標準語を学習中の留学生が「きいひん」「けえへん」などを聞けば混乱するのは間違いない。「関西ではこう言う」と教えようにもバリエーションが多すぎ、関西弁の「正解」など定義できない。自分の言葉が他者の学びに影響するという学生の自覚が素晴らしく、うれしい気持ちになる一方、留学生が暮らす土地の温度を排除してしまう気もし、それ以来ずっと方言について考えていた。

阪神大震災25年の節目を前に、震災で姉を亡くした歌手の記事が掲載された。見出しは「姉ちゃん　俺は歌っとうで」。紙面を広げた瞬間、はっとした。神戸弁だ。

これが「歌ってるよ」はもちろん、「歌ってるで」でも感慨は生まれなかっただろう。「歌っとうで」——。「〜しとうで」と話していた神戸のあの人の顔や声が浮かんでくる。「〜しとうで」と生き生きと話していた日常が断ち切られた25年前が立ち上ってくる。

神戸弁を知らなければ「歌ってるで」の打ち間違いかと心配になったかもしれない。実際、方言を聞き違えて原稿が書かれてくる可能性はある。だから「正解」の境目は曖昧でも、際限はなくても、さまざまな土地の言葉をもっと知りたいし、知らなければならないと思う。その言葉でしか伝わらない温度を伝えるために。今も地続きの記憶を、次の25年も伝え続けるために。

（2020年3月1日　水上由布）

# 国が違えば昼食も朝食に

２０１８年夏、日本では猛暑が続くさなかロシアを訪れた。湿度も気温も全く違い、天国とはこういうこと。しかし現地の人の話では、ロシアもこの夏は異常に暑かったのだそうで、世界屈指の規模を誇るエルミタージュ美術館では収蔵品へのダメージが心配されていた。

同美術館にスペインの画家ベラスケスの「昼食」（英題「ザ・ランチ」）という作品があるのだが、ロシア語タイトルを見て驚いた。「ザーフトラク（朝食）」。校閲としては「間違ってますよ」と指摘に走りたくなるが、しかしどこへ？

調べてみると、原題にあるスペイン語「アルムエルソ」は朝食とも昼食ともとれる語のようで、どちらに訳すかは文化の違い、あるいは美術界の事情によるものだろうか。

新聞の言葉も外国語には悩まされている。たとえば記事に登場する人物が話す言葉の日本語訳。英語では「I」でも、私、僕、俺とどう訳すかで読者に与えるイメージが変わってしまう。きのうまで「私」と話していた人物が、何か疑惑を引き起こした際いきなり「俺」に変わってしまうと印象操作と言えなくもない。

女性が話す「～だわ」という翻訳も、日本人女性はそんなふうに話さないのに性差を強調する表現で、ジェンダーレスを目指す潮流に逆行するのではと、用語の会議で取り上げられたこともある。しかし、たとえばロシアでは、話し手の性別で動詞が変化する。場所によっては「～だわ」はむしろ原語に忠実な訳なのか。悩ましい。

人名についても、現地のルールに従うか日本流で呼ぶかは常に悩みの種だ。例を挙げれば、ベトナムでは公的な場でも名前で呼び合うのが基本だが、来日後は郷に従って姓を通称として暮らしている場合もある。どちらで呼ぶのが心に沿うのだろう。

2017年、米国の通信社APが配信したサッカー・ワールドカップ予選の写真で、イタリア代表の選手名を取り違えており、指摘したところAPから訂正電文が流れてきた。海外のニュースサイトでも既にかなり使われていたが、その後訂正してくれただろうか。校閲という地味な職業で国境を超えた仕事ができるとは意外だった。

それ自体は単純なミスを指摘したにすぎない。しかし国際化が進む社会の中で、人々がより理解し合える言葉を探していけば、いつか世界も動かせるかもしれない。そう感じた出来事だった。

（２０１８年10月14日　水上由布）

# 折口、柳田……清音の地域性

元号が令和となった。令和という人名も話題に上るが、読みは「よしかず」「れな」などさまざまだ。

筆者の姓は末尾に記す通り「水上」だが、名刺を渡すと「みずかみですか、みずがみですか、みなかみですか」と確認してくださる方もいる。「みずかみです」とお答えするのだが、「みずがみ」「みなかみ」と呼ばれても全く気にならない。では、国文学者、民俗学者の折口信夫はどうだったか。

ある日の仕事中、点検用に配られた早版の新聞の、小さな文字が目に留まった。「折口信夫」の横に振られた「おりぐちしのぶ」の仮名——違う、「おりくち」だ。すぐ連絡し、次の版からは濁点が取れた。「信夫」の「しのぶ」も難読だが、「おりくち」もそうと知らなければ読めないだろう。折口自身が「折口といふ名字」の中で「おりくちと清《す》んで訓《よ》んでくれる人は、あまりない」と書いている。

一般に固有名詞は東日本では連濁、西日本では連濁回避の傾向があると聞く。兵庫出身の柳田国男《やなぎたくにお》、和歌山出身の南方熊楠《みなかたくまぐす》という民俗学者2人の例もある。柳田は清音にこだわったそうで、大阪出身の折口も同様かと思いきや「此頃《このごろ》では、どうかするとおりぐちと言うて、自分乍《なが》ら、ずぼらになつた」などと書いていた。

以前マスコミの用語に関する会議で、忍術「甲賀流」の読み方について問題提起されたのを思い出す。甲賀忍者を輩出した滋賀県甲賀市は「こうかし」だが、辞書を引くと「甲賀流」「甲賀者」は「こうが」。テレビのアナウンサーは甲賀忍者の発音に迷うという。忍術屋敷のウェブサイトの英語版は「Ｋｏｋａ」としており、難しい問題だ。

甲賀は古い文献では「鹿深《かふか》」とされ、それによるなら濁らないのが本来的だ。ただ賀という漢字のせいか、「こうが」の発音は相当一般化している。筆者は滋賀出身だが、甲賀市民でも濁って言う人がいるほどだ。それでも２００４年に5町が合併し甲賀市が誕生した際、読み方は投票で「こうか」と決まった。市に聞くと、やはり古名が決め手になったとのことだ。

折口や柳田の時代から時は流れ、人は移動し、清濁の法則性も薄まったかもしれない。東西日本の境にある滋賀ならなおさらだろう。だが「こうが」の発音をおしのけて「こうか」であり続ける甲賀は、図らずも西の文化に属することを主張しているようだ。

そういえば筆者も「みずかみ」なのだった。振り返れば、東京で数年暮らした他は西日本に住み続けている。もう少し「みずかみ」の音を大切にしてみようか。

（２０１９年5月19日　水上由布）

# そうだったのか　福神漬けの読み

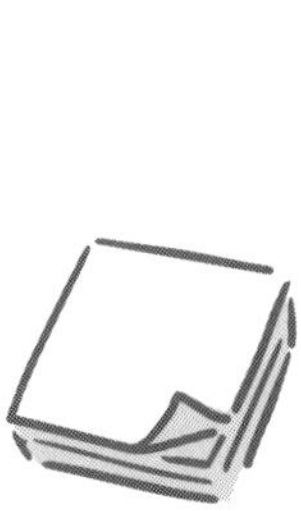

カレーの付け合わせとして福神漬けは欠かせません。皆さんはこれを何と呼んでいますか。

「当たり前じゃん」と、愚問に思われたかもしれません。私も『決定版　天ぷらにソースをかけますか？——ニッポン食文化の境界線』（野瀬泰申《やすのぶ》著、ちくま文庫）を手に取るまで、２種類の読み方があるとは思ってもいませんでした。

この本は日経電子版の読者アンケートをもとにしていますが、設問の一つに「『福神漬け』をなんと読みますか？」というものがあったのです。私は思いました。「え、『ふくしんづけ』じゃないの？」

ここで「いや、『ふくじんづけ』でしょ」と思った方、その通り。同書にも書かれてありますが「ふくじんづけ」が圧倒的に多数です。多くの辞書でも「ふくじんづけ」の読みしか示していません。

由来を調べると、この漬物は明治時代に東京・上野の「酒悦」という店の主人が創作したものだそうです。ダイコン、ナタマメ、ナス、レンコン、カブ、ウリ、シソの7種の野菜を漬け込み、上野の弁財天にあやかり七福神と命名。「他に副食がなくても済むから財宝がたまる」と宣伝したとも。だから「七福神」の「ふくじん」が本来の読みだと認めざるを得ません。

ただし、先ごろ第8版が発売された『三省堂国語辞典』には、「関西などの方言」として「ふくしんづけ」も付記されています。それを裏書きするように京漬物の店「大安《だいやす》」が「ふくしん漬」という商品を出していることも知りました。つまり「ふくしん」も間違いというわけではないようです。それにしても、私は関西出身ではないのに、どうして「ふくしんづけ」で覚えていたのでしょう。

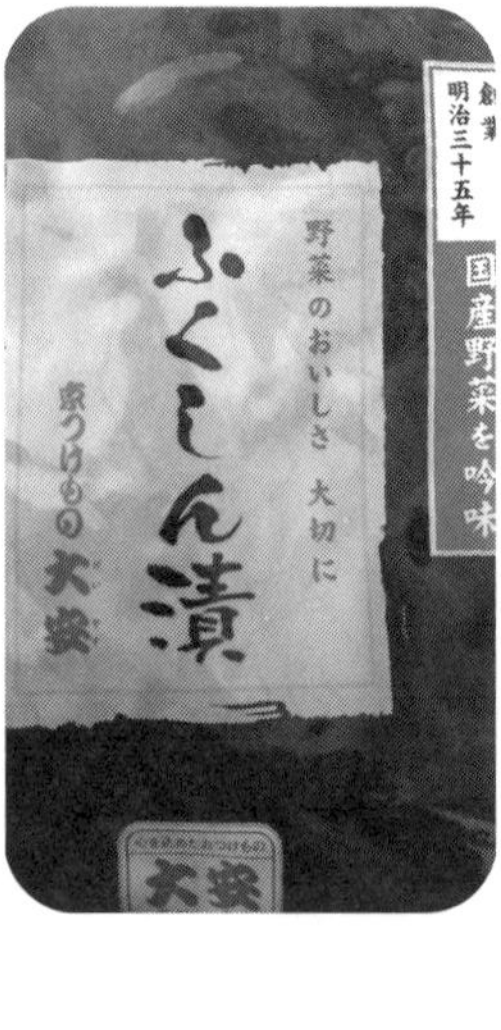

京都の老舗の「ふくしん漬」（筆者撮影）

先述の本にはアンケートに基づく日本地図があり、私の出身地、広島県では「ふくじんづけ」「ふくしんづけ」が拮抗《きっこう》しています。そして父の出身地、香川県では「ふくしんづけ」が「圧勝」とあります。父の影響？　でも、父がどう呼んでいたか記憶になく、聞こうにも亡くなっています。

「神」を「しん」と読む似た例としては、村の境や峠に置かれた守り神の像「道祖神」があります——と書こうとしたところ、またしても衝撃が。「どうそじん」でした。「道祖神」が出てくる「奥の細道」の冒頭を音読もしていたはずなのに、なぜか「どうそしん」で覚えていたのです。どうも「神」を「しん」と読んでしまいがちな癖が付いてしまったようです。

毎日小学生新聞は原則としてすべての漢字に振り仮名が付きますので、校閲していると「違う」と直そうとして、念のため辞書を引くと自分の方が間違っていたということが時々あります。思い込みが崩れる衝撃は、しかし新たな発見の喜びでもあります。いささか遅いですけれど。

（2022年1月23日　岩佐義樹）

## 虎○門、霞○関、丸○内の○は？

東京メトロ日比谷線に56年ぶりの新駅「虎の門ヒルズ」が開業しました。新たな交通拠点として期待に胸が膨らみます。

「いや、違うでしょう」と即座に反応した方。さすがです。

東京都港区の地区名、銀座線の駅名、再開発に伴い建設されたビル「虎ノ門ヒルズ森タワー」「虎ノ門ヒルズビジネスタワー」などの名称は新駅を含め、すべて「虎ノ門」です。それにつられてか、記事に頻出する病院名も「虎ノ門病院」と書かれていることが多いようです。こちらは「虎の門病院」が正解で、確認を怠らないようにしています。

その「虎ノ門ヒルズ」駅から約８００メートル離れた北隣の駅は「霞ケ関」。「東京・霞ケ関にある庁舎では職員が対応に追われた」などと書かれた文章を目にしたことはありませんか？　千代田区の地区名、ビル名は「霞が関」が正しく、政治・経済関係の記事では毎日のように校閲直しが発生しています。

中でも超高層ビルの代名詞として知られる「霞が関ビル」は1968年に完成しました。たたずまいも大変美しいのですが、私にとっては格別な思い入れがある名称です。

この仕事を始めた1980年代前半、ビールの年間消費量などを表す時、体積の比較単位として「霞が関ビル○杯分」という表現がよく使われていました。その日の記事の注釈にはこうありました。

「霞が関ビルの体積は約50万立方メートル。500ミリリットルのビールジョッキ100万杯分に相当する」

あまりの数字の大きさに「一生かかっても飲めないなー」と気楽に通り過ぎようとする気持ちを必死に抑えて計算しました。うん？　導き出された答えに驚嘆すると同時に、冷静な検算の重要性を身に染みて感じた瞬間でした。「エーッ、10億杯分が正解か！」

1988年に東京ドーム（体積約124万立方メートル）が完成すると、体積の基準となる構造物としての座は徐々にドームへと移っていきます。

さて「霞ケ関」駅には東京メトロの千代田線や丸ノ内線も通っています。線名は「丸ノ内」ですが千代田区の地区名や警察署は「丸の内」。

そういえば「霞が関ビル」ができる前の体積の基準となる構造物は、「東洋一のビル」とうたわれた「旧丸ビル」（丸ノ内ビルヂング、体積約30万立方メートル）だったそうです。2002年に「丸ビル」（丸の内ビルディング）に建て替えられて現在に至っています。このように「丸の内」と「丸ノ内」の表記の違いも一筋縄ではいかず、気が抜けないところです。

自宅で「虎ノ門ヒルズ駅開業」の記事をさかなに「机上散歩」を試みてみました。もちろん、実際に訪ねてみたい人気スポットも物色中です。

（2020年7月19日　渡辺静晴）

# 第8章

# 名前は唯一無二のもの

# 名前の間違いはメジャーな方へ

「大丈夫かしら、ヌレニエフさん。ハンストなんて、心配だわ」

食卓で向かい合った母がこう言って眉を曇らせたので、私は混乱しました。あたかもクラスメートのように挙がった、心当たりのないその名前。しばし考えて、「まさか、ナワリヌイ氏のこと？」。なんとか回路がつながりました。

ロシアの反体制派指導者、ナワリヌイ氏が刑務所内でハンガーストライキを行っているという記事を読んだ母。彼に寄り添う気持ちはうそではないものの、カタカナ5文字の「それっぽい」名前でしか覚えていなかったようです。

皆さんは名前を間違えられたことがありますか？　後輩の毎日新聞校閲記者、西本竜太朗さん。入社する前から「ホラ、あの、今度入る、西村京太郎サスペンスみたいな名前の子」と言われていました。西本さんに話を聞いてみると、「僕の名前はトラップだらけなんです」と苦笑します。「西本」は必ずと言っていいほど「西村」に間違えられるし、名は竜太「郎」ではなく竜太「朗」。加えて彼の名前、読み方は「りゅうたろう」ではなく「りょうたろう」なのです。この三つのトラップに掛からずにキミの名をサッとコンプリートする人が現れたならば、それはキミに恋心を抱いている人ではないか、とすら先輩は思ったわけです。

大事な人の名前は、絶対に間違えたくないですよね。それはその文字の連なりが、自分にとって二つとない特別なものだから。ばらばらにするとなんでもない文字なのに、並べて完成させた途端、特別な意味を持ってしまう。名前って不思議です。新聞紙面に出てくる名前をチェックするとき、そんな「この人を思う誰か」にがっかりされないように努力しています。

あまりに取り違えが多いため、原稿に現れると緊張する文字がいくつかあるほどです。たとえば、「亨」と「享」、「裕」と「祐」、「彗」と「慧」、「巳」と「已」と「己」――など。毎日新聞の過去の記事で、名前の間違いによる「おわび」を調べてみると、とんでもないものを発見してしまいました。

「おわびして訂正します。○○隆之氏は隆幸、○○正己氏は正巳、○○淳氏は惇、〇〇壺男氏は壹男、徳武〇〇氏は徳竹——の誤りでした」。ある意味、トラップのコンプリートです。数十年前の記事でした。もちろん名字も気が抜けず、「柳沼容疑者」が1カ所だけ「柳沢」になっていたこともあります。「西本」「西村」現象と同じで、少しだけメジャーな方にペンが引っ張られるのでしょうか。

さて母。しばらくたって「ああ！」と叫び、「ヌレニエフは、旧ソ連の素晴らしいバレエダンサーよ！　昔、彼の踊りを見たの！」。満足顔でしたが、20世紀を代表するその人は「ヌレエフ」なのでした。

（２０２１年６月13日　湯浅悠紀）

# 三笘選手の笘　苫とどう違う

２０２２年のサッカー・ワールドカップでは優勝経験のあるドイツとスペインから金星を挙げるなど激闘を繰り広げた日本代表。ひときわ輝きを放ったのが、三笘《みとま》薫《かおる》選手のプレーである。スペイン戦でのゴールラインを割る寸前からの折り返しは「三笘の１ミリ」と話題になり、世界にその名を知らしめた。

三笘選手の名前といえば、プロ入り前の筑波大学時代から三「苫」と誤記されることがあったため、実は校閲職場においても知られていた。今回はこのよく似た「苫」と「笘」について、辞書にある語釈を踏まえつつ職人や研究者にお話を聞いていきたい。

まずは草冠の「苫」。字義には「菅《すげ》・茅《かや》などをこものように編んだもの」（『明鏡国語辞典』）とあるが、どのように使われているのか。京都府南丹市にある「美山かやぶきの里」で茅葺《ぶ》き屋根の工事を手がける職人、中野誠さんにお話をうかがった。中野さんによると苫は安く手軽に作ることができ、乾きやすく通気性も良いことから農作業小屋の屋根などに用いられるという。ちなみに百人一首の1番目、天智天皇が詠んだ歌にある「かりほの庵《いほ》の苫」がまさにこれ。茅葺き屋根との違いは、耐用年数が茅葺きは20〜30年であるのに対し苫葺きは2、3年と短く、雨風に弱いうえに保温性などのエネルギーを保つ力が中野さんいわく「(茅葺きとは)全然違う」ため家屋には使わないとのことだった。

次は竹冠の「笘」。漢和辞典を引いてみると「①むち。竹のむち②ふだ。児童が文字を習う竹のふだ。竹簡」(『新漢語林』)とあった。「漢検 漢字文化研究所」の調査によると、中国・漢代に成立した最古の漢字字典『説文解字《せつもんかいじ》』には既に「笘」の字と①馬をたたくむち②潁川《えいせん》(現在の河南省)の方言で、子どもが字を書くための札――という二つの意味について記述があったとされる。札は識字学習用の角材で、敦煌《とんこう》で出土した漢代の札には各面に字が書かれており、端には穴が開いていたことから、穴に糸を通して現代における「単語カード」のようにして用いられていたと考えられるという。

また「三笘」姓についても同所の研究者は「笘」の字の使用状況や「苫」と「笘」ともに読みが「とま」であり、草冠と竹冠は往々に混交することから、江戸時代の公文書に使われた書体「御家流《おいえりゅう》」で書かれた「苫」が戸籍に登録した際に「笘」となってしまうこともあったのではないか、と説明してくださった。

かつてＪ１川崎時代には誤字を見かねたクラブ側が「＃三苫ではなく竹冠の三笘」とハッシュタグを付けて呼びかけることもあった。改めてではあるが、日本サッカー史に残るビッグプレーとともに「笘」の字を記憶に刻みたい。

（２０２３年２月５日　高島哲之）

## まさかの「坂」か　取り直しセーフ

人生には、上り坂、下り坂、そして、まさかがあるという。あの「取り直し」も、まさかの一つだったか。

取り直しとは、編集OKで印刷工程に降ろしていた紙面を破棄して正しい紙面を読者に送り届ける作業である。輪転機が動き始めるまでには少し時間があり、その間に新たな事実が分かったり、誤りが見つかったりしたときになされるが、校閲としては後者に敏感にならざるを得ない。

新聞製作は時間との勝負。ニュース面は1分1秒が惜しいことも珍しくない。その日、私は調査捕鯨船の記事を校閲していた。しかし、紙面OKとする降版時間が迫っても原稿が届かない。南極海から山口県下関市に帰港する時間が夕刊社会面の締め切り間際なのだ。記事の事実関係などを調べる時間は限られ、不安の影が差す。

そして、ようやく届いた３００字余りの原稿。「てにをは」が合っているか、脱字や重複がないかなどを見る〝素読み〟チェックで取りあえず校了。そうしなければ新聞紙面ができないからである。捕鯨船や調査団長の名前の確認は後回しにせざるを得ない。数分後、社会面は降版された。

「板東武治調査団長」と記事にはある。調査団長であるなら無名とは思えない。インターネットで検索してみよう。すると数件、ヒットした。数件？　それはおかしい。少なすぎる。よく見てみると、うち一つは、先ほど校了したことで毎日新聞のウェブ上にアップされた記事を誰かがブログに転載したものだった。ますます怪しい。

まさか「坂」？　同じ「ばんどう」でも、元プロ野球選手でタレントの板東英二さんもいれば歌舞伎役者の坂東玉三郎さんもいる。阪東姓もなくはない。「坂東武治」と検索してみた。するとどうだ、日本鯨類研究所の方ではないか。過去にも、今回の記事に出てくる調査母船「日新丸」に乗船して北西太平洋鯨類捕獲調査に赴いている。

編集者に「坂東かもしれない」とすぐさま伝え、取り直しの事態に備えるよう促しつつ、出稿元に電話で事実確認をお願いする。すると、ほどなく「坂東でした！」との返答。まだギリギリ輪転機は回っていない時間だ。取り直しは間に合う。ウェブに上がった記事の修正も遅れながらも施した。

記者の勘違いは常にある。それを未然に防ぐ最後の関門が校閲であろう。紙面に傷をつけず、すんでのところで翌日の「おわび」を出さずに済んだことに安堵《あんど》した。しかし、ネット社会では「板東武治調査団長」が一瞬のうちに拡散されており、今さらながら恐ろしく感じた。

わが校閲人生、まさかで転がり落ちないよう油断なく点検を続けたい。

（２０１８年９月23日　林田英明）

## 1カ所「壇ふみ」誤植はつらいよ

会社の先輩から本を頂いた。タダで届く本は、書庫にそのまま眠ることも多いが、映画好きの私には、これは読みたい一冊だった。

それは『完全版「男はつらいよ」の世界』（吉村英夫著、集英社文庫、第4刷）。渥美清さんが生きて主演した48作までの完全ガイドとなっている。いや、単なる作品紹介にとどまらず、撮影現場のエピソードや山田洋次監督のインタビューも織り込みながら、筆者の吉村英夫さんは主人公の車寅次郎を中心とした家族の内奥に迫っていく。

山田監督は娯楽性を失うことなく、人間の普遍的な愛や信頼、そして優しさを描き出す。それでいて歴史の進歩を信じる社会正義への鋭敏な感覚を押しつけがましくなく随所ににじませているから、毎回同じパターンの展開でもマンネリをプラスに転化して観賞に堪えうる。見る者は、寅さんの言葉や行動におかしみを感じてともに笑ったり泣いたりしながら、安心して同化する。吉村さんの解説を読み砕くとそうなるのではないかと思いつつページをめくっていったが、封切り時の感想が時間を経て変わったところを正直に書き記す点にも好感が持てた。同作を十数本しか見ていない私には、その視点の鋭さに感服するばかりである。2019年公開された第50作『男はつらいよ お帰り 寅さん』の感想まで盛り込まれた400ページを超える分厚さでも一気に読み終えた。

そんな中で、第18作『男はつらいよ 寅次郎純情詩集』(1976年)で寅さんのおい・満男の担任の先生役が1カ所だけ「壇ふみ」となっていたのに気づいた。タレントの壇蜜さんは「壇」だが、混同してはいけない。「檀ふみ」である。

彼女の父は檀一雄。『広辞苑』に2008年の第6版から採録されている作家は奔放な人生を歩み、映画にもなった遺作の『火宅の人』まで多彩な作品を残している。

『学研漢和大字典』によれば「檀」は「びゃくだん科の常緑高木」。大成する人は子どものときから並外れて優れていることを「栴檀《せんだん》は双葉より芳し」という。あるいは梵語《ぼんご》を音訳した施主の意で使う「檀家」あたりは目になじむところか。

一方の「壇」は同字典によれば「土を盛って高くつくり、上部を平らにならした土台」を指す。祭礼のための「壇場」も見出し語で挙げている。

「壇場」に似た言葉に「独壇場」がある。「どくだんじょう」で辞書には載っているが、本来は「独擅場」の誤読からできた語だ。「どくせんじょう」の読みも漢字も変化して一般化してしまった。「檀」と「壇」はよく似ているが、「擅」も目をこらさないと同じ字に見えてしまうかもしれない。落語の八っつぁんふうに言えば、ここで間違っては「てぇへんだ、てぇへんだ」となるところだろう。

（2020年6月28日　林田英明）

# すばらしい「昴」　90年から人名に

♪ああ砕け散る宿命《さだめ》の星たちよ

谷村新司さんによる１９８０年のヒット曲「昴」は宇宙の広がりを感じさせる壮大な歌である。しかし、「すばる」と読むこの漢字こそ校閲にとっては非常に厄介な字の一つに挙げられよう。

「昴」は常用漢字ではなく、人名用漢字にも入っていなかった。１９４８年以後、漢字制限のため子どもに名づけようとしても役所で認められず、やむなく似た「昂」を選ぶ親もいたようだ。だが、市民の声の高まりもあって１９９０年3月、「昴」は人名用漢字に追加される。

校閲としては、さあ困った。原稿に出てくる名前が「昴」か「昂」か、即断できなくなった。親が夢と希望を込めて命名した字を間違えては申し訳ない。文脈から明らかに年齢が分かればいいのだが、手がかりの乏しい若者の場合は調べるにも限界がある。出稿した記者を信用するしかない。

『「最悪」の核施設 六ヶ所再処理工場』（小出裕章ほか著、集英社新書）の初版を読んでいると「三村剛昂《よしたか》さん」という表記に出合った。私には初めて聞く人名ながら、これは「剛昂」の可能性が高いと思って調べてみた。彼が被爆者であり広島大学理論物理学研究所所長だったとそばに書かれており、容易に正解にたどりつけた。やはり「昴」は「昂」の誤植であり、その世界では有名な方だった。共著者の元京都大学原子炉実験所助教、小出裕章さんは、三村さんが核開発につながる原子力の研究に対して強く抵抗し続けたことを紹介しながら現代に引き寄せ、青森県の六ケ所再処理工場の巨大な危険性とリスクに警告を発した。すばらしい夢の工場ではなく、放射性物質を地球規模に広げて未来を消滅させかねないシロモノらしい。

22世紀の未来からやって来たドラえもんが活躍する『映画ドラえもん』は大人の観賞にも堪えるので欠かさず見ている。２００５年、脇役のジャイアンこと剛田武の声優が代わり、クレジットに「木村昴」とあって、これも「木村昂」の間違いではないかと直感した。そこでまた調べてみると、木村さんは「昴」で正しかったから非常に驚いた記憶がある。１９９０年６月生まれ、当時14歳の声優だったのだ。ダミ声のジャイアンをまさか中学生が演じていたとは……。思い込みを排除することは、校閲の仕事としても必要な条件であると再認識した。

私は、カラオケで「昴」は歌わない。人間として小さすぎる自分の恥ずかしさが先に立つからだが、仕事でミスをしたときに歌詞を読み替えてしまいそうな衝動にかられることが一番の理由である。

♪ああ砕け散る宿命の誤字たちよ
目を閉じて何も見えず、青白き頬のままの自分が照らされてたまらない。

（２０１９年10月27日　林田英明）

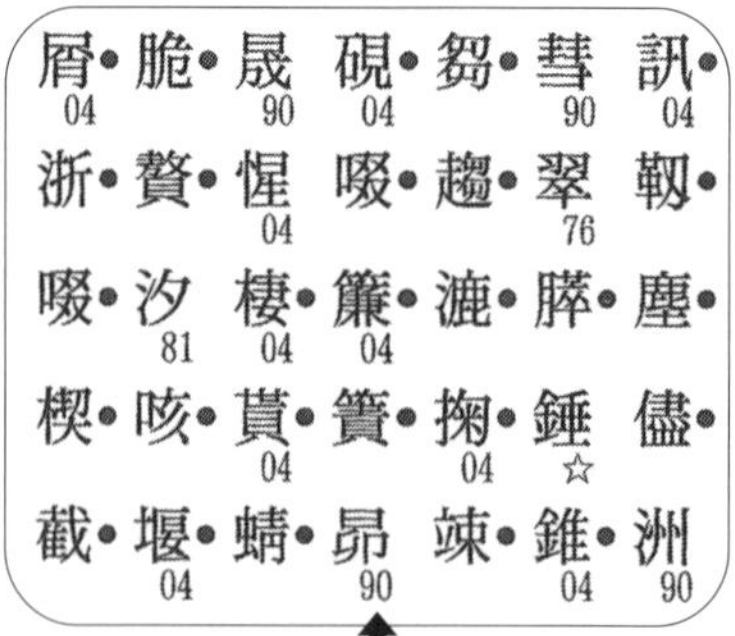


毎日新聞用語集の人名用漢字などのページ。90は1990年に入ったことを示す

# おのおの方「傅次郎」か

ハダシから目が離せない。映画『サマーフィルムにのって』（松本壮史監督、2021年）の主人公である。伊藤万理華さん演じる高校生ハダシが、相棒の女子高生2人とともに18歳の夏を爽快に駆け抜けていく。

彼女たち3人がのめり込むのは時代劇の映画づくり。映画部に所属するハダシは、周囲がキラキラした青春映画に浮かれているのが不満でならない。勝新太郎を敬愛し、座頭市に夢中。文化祭で上映するため自作した脚本の「武士の青春」を撮りたいと願うが、多数決であっさり否決される。くすぶっていたそんなハダシの目の前に、主役に理想的な少年・凛太郎《りんたろう》（金子大地さん）が現れて彼女の情熱は一気に燃え上がるが、実は少年は未来から来たタイムトラベラーだったという、へたをすると空中分解しかねないストーリーなのだ。

だが、ハダシ同様、私も終着点が予想できない展開にのめり込む。ハダシが映画づくりにあたって、目を輝かせながら仲間たちに時代劇の魅力を説いていく場面が一瞬だけ映る。おや？　ハダシはあの有名な人物をこう書いていなかったろうか。

〈大河内傳次郎〉

『丹下左膳』シリーズなどで知られる剣劇俳優である。『広辞苑』にも採録されるほどの、戦前を代表する時代劇スターの一人。ハダシが取り上げるのもむべなるかな。しかも、『広辞苑』では「大河内伝次郎」と「伝」が新字体なのに、あえて旧字体で書いている。ポスターには旧字体のものもあり、時代劇オタクの愛は、どこまでも深い。

ところが、「伝」の正しい旧字体は「傳」である。「傳」とは微妙に異なる。旧字体「惠」は新字体「恵」と同字ではあっても、「傳」は「でん」あるいは「てん」と読み、「傳」は「ふ」と読む別字なのだ。

「傳」の意味するところは「ぴたりとそばについている補導役。おもり役」（『学研漢和大字典』）。熟語や中国古代の人物名が計七つ挙げられているが、いずれも普段は目にしないものばかり。

『サマーフィルムにのって』は新型コロナウイルス禍で撮影が3カ月中断されたという。その不運も乗り越えて、よくぞ完成させてくれたと感謝したい。

大阪校閲に、伊藤万理華さんと同じ1996年2月生まれの部員がいる。彼女は伊藤さんのことを「不思議な魅力があって好きなんですよ。映画もラストシーンが良かったです」と今も興奮を隠さない。見るよう勧めた私も同じ感想を持つ。

これまで「乃木坂46」というのが女性アイドルグループであるといった程度の認識でしかなかった私は、伊藤さんがその元メンバーだったことすら知らなかった。不覚。しかし、誕生日も私と1日違いで親近感が自然と湧いてくる。ふと気づいた誤字を伝えつつ、伊藤さんの次回主演作を私は首を長くして待つ。

（2021年12月19日　林田英明）

# あなたのお名前どんな漢字？

「サカイミナミです」――。仕事柄か、初対面の人に名前を聞いても、音だけでは頭に入ってこない。「どんな字？」とさらに尋ねる。名字のサカイは酒井なのか坂井なのか堺なのか……、名前のミナミは南か美波か、それとも「みなみ」か……印象が全く違う。

先日、ちょっと変わったアンケートに答えた。日本漢字学会の会報誌『漢字之窓』で特集するためとして、「自分の名前を人にどのように説明するか」を尋ねられたのだ。老若男女366人から得たという結果をもとに、漢字教育の学者やライター5人が語り合う座談会が載った。学会誌といえば難しいことばかり書かれていそうに思うが、誰にも身近な名前のことでありつつ、確かに「漢字」にかかわるという面白い企画だ。

説明の仕方は多様。美「うつくしい」と別の音訓で。萌「くさかんむりに明るい」と分解して。剛「草彅剛さんのつよし」と固有名詞で。熊「動物のクマ」と一般名詞で。竹「バンブーのたけ」と英語を使って——。中には自分のことを「美しい」と言うことが恥ずかしくて、「よろこぶ、ひさしい、美術館のビ」と説明していたという「喜久美」さんも。

座談会は、こうした分類はもちろん、日本人の命名の歴史やキラキラネーム解説まで、幅広い話題が展開されていて楽しかった。アンケートでは、奈はすべて「奈良の奈」だったそうだが、伊を「関東の人に説明する際は『伊豆の伊』、関西の人には『伊勢の伊』」としている人、また、恭を相手の年齢層によって「柴田恭兵さんの恭」か「深田恭子さんの恭」と説明し分けている人もいたそうだ。「相手側がどういう立ち位置にいるかを考えており、個人史と個人史が交錯する場面」と解説されていた。

こうした「字解き」には30年近く前、校閲記者になって最初に苦しんだ。2人1組で一方がゲラ（仮刷り）を読み上げ、もう一方が手書き原稿の文字と合っているか確認する「読み合わせ」だ。特に固有名詞の字は正確に伝えなければならない。

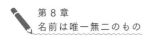

座談会で「説明が難しい」と話題になった「亮」は「リョウはスケリョウ」と読むなど、先輩方は朗々とお経のように読み上げていくが、こちらはつっかえてばかり。今ではパソコン入力となり、読み合わせの機会はほとんどない。苦手だったけれど、紛らわしい漢字を覚える場でもあった読み合わせが懐かしい。

筆者の名の説明は簡単だが、中学に入学した初日、出欠を取る先生が「泉は温泉のセンか」と言ったことで、周りの子が「せんちゃんだ！」と命名してくれた思い出がある。今も変わらないあだ名だ。字解きで呼ばれるなんて、校閲記者っぽくていいなと思っている。

（２０２０年2月16日　平山泉）

# 実はいろいろ「かじ」の文字

休日、髪を切りに出かけたときのこと。お店のスタンプカードがいっぱいになり、美容師さんが新しいカードに私の姓名を書き入れてくれた。見ると名前は「由希」になっている（末尾筆者名をご覧ください）。別の美容師さんが気づいて「由布」と書き直してくれた。人生の中で間違われた回数は数知れない。慣れているので今回も気にならなかったが、気づいてくれるのはやはりうれしいものだ。

自分は間違われてもかまわないが、新聞紙面に登場する方々に失礼があってはならない。間違って書かれやすい著名人は頭に入れておきたいところ。歌手の松任谷「由美」さん（由実が正解）、プロ野球・日本ハムの「斉藤祐樹」投手（斎藤佑樹が正しい）らは違う字が入っていないか疑いながら読む。彼らは人生の中で一体何度間違われているのだろうか。

そんな中、この人こそ人生における名前の間違われ率1位なのではないかと打ち震える名前に遭遇した。住友電工陸上部所属、2019年の全日本実業団選手権400メートル障害を大会新で制した「鍜治木峻」選手である。

普段から「かじ」が入る名前には気をつけている。パズルの「数独」制作会社・ニコリの社長、「鍜治」真起さんが登場する記事では、何度も「鍜治さん」と出てくる中、一つだけ「鍛治」になっていた（「鍛」と「鍜」は似ているが別の字）。そうかと思えば将棋の羽生「善治」九段の記事で突然「善治」が出現したこともあり、治の字も油断ならない。金属をきたえる「かじ」は「鍛冶」だが、「鍜」や「治」という字の候補が存在することをどれだけの人が意識しているだろう。

その日、陸上の記録を点検したときも同じように、「かじ」の字が入っている、気をつけなくてはと思って目をこらした。原稿には「鍜治木」、照合資料には「鍜治木」。やはり！　しかしそれだけでは終わらなかった。原稿には「峻」、資料には「崚」。シュンじゃない、リョウだ……！　「鍜治木峻」選手を「鍜治木峻」選手と書いてしまっている。最終的には直ったが、校閲部員以外には「鍜」も「崚」も指摘してすぐには反応が返ってこない。資料を見せても「同じでしょ」。目をこらしてやっと「あ、ほんとだ、違う」というありさま。鍜と鍛、治と冶、崚と峻、三つもポイントがあり、かつどの字も実によく似ている。間違われ率は相当高いとみた。

こうなると、がぜん応援してしまう。紙面にどんどん登場してもらい、間違っていないかいちいち確認したい。多くの人にこれらの字を知らしめたい。２０２０年は新型コロナウイルスの影響で競技会の延期も相次ぐが、鍜治木選手をはじめ、アスリートが大歓声の中走る姿を見られる日が早く来ることを祈っている。

（２０２０年9月20日　水上由布）

# ちょう？　まち？　「町」の間違い

目出度《めでた》さもちう位也《くらいなり》おらが春

言わずと知れた小林一茶の句です。2021年は旅行などを自粛して、めでたさが減った人も多いでしょう。初詣に人気の社寺も分散参拝を呼びかけていました。東京都江東区の富岡《とみおか》八幡宮もその一つ。江戸時代からの名所で、古地図には「富ケ岡八幡宮」とあり、周囲に門前町が広がっていたことが読み取れます。今も地区名や地下鉄の門前仲町駅に名をとどめる「門前仲町」。私は声に出す場合「あれ、この『町』って『まち』だっけ、『ちょう』だっけ」とよく分からなくなります。「ちょう」が正解です。明治時代の地図を見ると「門前仲丁」とあり、昔から「ちょう」と呼んでいたんだろうなと思わせます。

最近は読み方が分からない場合、インターネットですぐ調べられるから便利な世の中になったもの。私は今、毎日小学生新聞の校閲を担当していますが、振り仮名付きなので固有名詞の読み方はネット検索で確認する毎日です。

ところが便利なものには落とし穴が付きもので、ネットには間違いが付きもの。2020年はこんなことがありました。

静岡県沼津市千本港町。「生きた化石」といわれるシーラカンスの標本で有名な沼津港深海水族館の所在地です。試し刷りに「せんぼんみなとまち」とあり、ネット検索すると「せんぼん」の後が「みなとまち」「みなとちょう」と両方出てきます。読み仮名がついている『日本行政区画便覧』(日本加除出版)という資料では「みなとちょう」となっています。しかし「みなとまち」とするのは巨大企業。念のため沼津市役所に電話で「みなとちょう」と確認しました。

ところが後日、同じ地名が出てきて、担当者が誤りのネット情報を信じて「みなとまち」に直そうとしたことがありました。これではいつまた同じことが繰り返されるか分かりません。私は誤りを出している会社に修正を求め、約1カ月後にようやく直りました。

さて、巨大企業が出す情報だからといって間違いがないわけではないように、校閲を経た書籍でもミスが全くないとは限りません。実は毎日新聞の校閲が2017年に出した『校閲記者の目』（毎日新聞出版）にも、東京都杉並区の「阿佐谷南《あさがやみなみ》」を「南阿佐谷」としてしまうという誤りがありました。ようやく先月の増刷で直りました。

誤った部分を書いたのは誰あろう、この私です。直ったことや、増刷できるほど売れたこと自体はめでたいのですが、それまで地名の間違いを世に届けてしまった事実が帳消しになるわけではありません。中くらい、いやそれ以下のめでたさをかみしめつつ迎えた2021年の「おらが春」です。

（2021年1月17日　岩佐義樹）

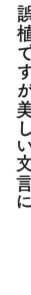

# 誤植ですが美しい文言に

モンキー・パンチさんの訃報の原稿で、『ルパン三世』の主要登場人物の一人が「石川五右衛門」となっていて、「石川五ェ門」と直しました。それで思い出したのですが、ルパン三世を追いかける「銭形警部」が「銭型警部」になっていた間違いも以前ありました。

念のために記事データベースやインターネットで確認すると、名前にまつわるエピソードがいろいろ書かれていて、本業そっちのけで見入ってしまいました。

モンキー・パンチさんへのインタビュー記事（２０１７年３月24日毎日新聞夕刊）によると、ルパンの相棒「次元大介」は「事件大好き」から、アニメのルパン役の声優から「ふーじこちゃん」と呼ばれる「峰不二子」は、たまたま目にした「霊峰富士」のカレンダーから思いついたそうです。そして銭形警部はモンキー・パンチさんの故郷、北海道浜中町の岩場に出没するゼニガタアザラシからだとか。

とはいうものの、時代劇の「銭形平次」も念頭にあったことは間違いありません。もともとは平次にちなんで「銭形平一」と付けたつもりが、誤植で「幸一」となり、そちらが定着したという裏話があるからです。

漫画の誤植といえば、つげ義春さんの『ねじ式』が有名です。「まさかこんな所にメメクラゲがいるとは思わなかった」という独白から始まる短編ですが、このメメクラゲは「××クラゲ」の誤植とのこと。しかしいきなり説明抜きに出てくる架空の名前は、シュールな夢の世界を描いたこの漫画に見事にはまっています。誤植が作者の意図を超えて夢幻的効果をもたらしたといえるでしょう。

似た例として思いつくのは、「夢焼け」という吉野弘さんの詩。吉野さんの「夕焼け」という有名な詩が、誤植で「夢焼け」になっていたことがあったのです。ちなみに「夕焼け」は、電車で2度席を譲り3度目は立たなかった娘を描き「美しい夕焼けも見ないで。」と結ばれます。その題名の中の「夕」が「夢」と誤られたのですが、詩人はその文言に刺激され新たな詩を書きました。ハルキ文庫の『吉野弘詩集』から一部引用します。

あるとき、どこかの文選工が活字を拾い違え
私の詩の表題「夕焼け」を
「夢焼け」と誤植したから。

ああ、「夢焼け」！

この眩しい文字面《もじづら》は
人が
外からは見えない深いところを
夢に焼かれている、と
明かしてくれたネ。

なぜ「夕」が全く違う字の「夢」と間違えられたかというと、夢の字は「夕」の部首に属するから。昔の印刷所には活字が部首別に並べられていて、手作業で拾う

人（文選工）がいました。

誤植は校閲としては許してはいけませんが、これは詩人の想像力も及ばなかった、美しい誤植です。

（２０１９年5月26日　岩佐義樹）

# 第9章

# 確認は文字だけ？いえ無限です

# たかが記号？　されど記号

「耳入れて」

20年ほど前のことだったでしょうか。見出しを作るさなかの編集職場から、若い部下に指示を出すデスクの声が聞こえました。一呼吸おいて「『耳』って分からん？『はてな』のこと」。

そう、平成初期まで新聞制作の現場では「？」を「みみ」と当たり前に読んでいました。「読み合わせ」、つまり手書き原稿と、パンチャーが入力したものの照合のために2人1組で声を出して照合していたとき、記号には特殊な読み方が用いられていました。なぜ「？」が「耳」かって？　それは「？」が耳の形に似ているからです。

では「！」は。「雨垂れ」。これもその形からです。20年前に既に若い人には通じなくなっていたので、読み合わせ自体がほとんどなくなった今はこれらの読み方は絶滅危惧種かもしれません。

読み合わせがなくなったのは、ワープロ導入によって、記者本人が書いた原稿が直接入るようになったため。この頃、専門のパンチャーが入力したときにはあり得なかった記号のミスが頻発しました。たとえば、インタビュー記事の各質問の頭に付けたり、文に余韻や含みを持たせたりするために添える記号。私たちの職場では「2倍棒」と呼んでいますが――ミスとは何でしょう。

――そう、「ミスとは」の前の「――」が間違い。「―」は「音引き」「長音」などといい、カタカナ語に盛んに用いられます。「――」（2倍棒）をどう入力したらいいのか分からない記者が代わりに音引きの「―」を2度選んだものと思います。逆に音引きの「―」を使うべきところで「―」となったミスも多くありました。

今のパソコンは「――」は勝手に「――」に変換してくれますから、この間違いは減りました。ただ「……」（「2倍リーダー」といいます）の代わりに「・」（中黒）を用いて「・・・」とする原稿は今も時々見られます。間が抜けているので「……」と直します。パソコンのキーボードでは「…」の出し方が分かりにくいので、いまだになくならないのでしょう。「てん」と打って変換すれば「…」は呼び出せます。パソコンによっては「。」や「・」を選んで変換すると出てきます。

それにしても、日本語に多い記号なのに入力の仕方が分かりにくいという状況は何とかなりませんか？

記号といえば、この時期気になるのはX'masという表記のアポストロフィー。Xはギリシャ文字でキリストの頭文字であると同時に、Xだけでもキリストを意味します。「マス」は「ミサ」から転じ祝日を表します。つまりXmasだけでChristmas（クリスマス）を表し、アポストロフィー（’）は不要なのです。たかが記号、されど記号――。

（２０１８年12月30日　岩佐義樹）

# 舞妓さん？　芸妓さん？

「爆買い」という言葉を聞かなくなってきた。訪日外国人のトレンドは、「モノ消費」から「コト消費」に移っているという。モノを買うことより何かを体験することに価値を見いだしているわけだ。

体験型観光は日本人にも人気だが、外国人に受けているのはやはり、日本文化を味わえるものだろう。そしてその一つ、京都での舞妓《まいこ》の化粧、着付けは何を隠そう私も以前体験している。見た目も立ち居振る舞いも、本物の舞妓さんが見たらあきれたに違いないが、だまされて（？）写真を頼んでくださる観光客もいた。

というように、「舞妓さん」についての知識は意外と皆さん曖昧なものである。

２０１８年12月、「花街総見」という、芸舞妓が歌舞伎を観劇する行事が紙面に載り、写真説明を「南座を訪れた芸舞妓たち」としていたが、写っていたのは舞妓だけだった。華やかなかんざしをさして着物の袖も長い。出稿元に確認の上、「舞妓たち」とした。

ほかにも芸妓はかつら、舞妓は地毛、帯の結び方や帯留めの有無など違いはかなりある。芸舞妓に変身できるスタジオはたくさんあるので、京都にご旅行の際は皆さんもぜひ。楽しいですよ。

ともあれ、校閲記者が確認するのは文字だけではない。写真の説明文通りのものが写っているか？　記事と矛盾する点はないか？　個人情報が分かるようなものが写り込んではいないか？　このあたりになると完全に文字とは関係ない。

たとえばスポーツ選手が「ガッツポーズ」という写真で、それが人さし指を立てて喜ぶ姿だった場合、ガッツポーズはこぶしを握る仕草というのが定番なので違和感がある。単に「ポーズを取る」としてもらうなどする。

左が舞妓、右が芸妓（片山喜久哉撮影）

家で紙面を読んでいたら、本文に「黄色いスイセン」とあり、写真には外側の花びらが白く、中の筒状の部分が黄色いスイセンが写っていたということがあった。黄色いスイセンとは、普通外の花びらも黄色いものを指すのでは。読者の方をすっきりしない気持ちにさせていないか心配になった。「黄色い」はない方がよかっただろう。

合格祈願の絵馬が並ぶ写真記事は受験シーズンの定番だが、絵馬に個人情報が書かれたものが写っていないか目をこらす。住所や名前が志望校とともに新聞で大公開されてしまっては大変な事態だ。

最後にとっておき？の写真校閲エピソードを。毎日新聞社主催のスポーツイベントが大入りという記事。写真にはドーム球場で缶ビールを楽しみながら応援に盛り上がる人たちが……缶ビール？

この球場は缶の持ち込みは禁止なので、別のカットに替えてもらった。ちなみに持ち込み禁止の球場では、入り口で紙コップに移し替えればＯＫです。

（２０１９年２月24日　水上由布）

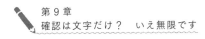

# 男はつらいよ　確認奮闘編

映画『男はつらいよ』シリーズの新作が2019年末に公開されると聞き、久しぶりに東京・柴又の「寅さん記念館」へ行こうと思ったが、リニューアルのため休館中という。1997年の開館以来、ほぼ3年ごとに改装してきた意欲的な展示内容がさらに充実するのを楽しみに待ちたい。

『広辞苑』（第5版以降）に「男はつらいよ」、『日本国語大辞典』（第2版）に「寅さん」の項目が立つほどの国民的映画だけあって、新聞記事でも有名な場面やせりふがよく引用される。校閲の仕事に就く前は関心がなかったが、あるとき素養のひとつと割り切って第1作から見始めると、のめり込んだ。原稿での引用が不正確だと、職務としてもファンとしても落ち着かない心持ちになる。

たとえばある日。翌日に使う原稿に出てきたのは、寅さんに、悩みを抱えたおいの満男が「人間は何のために生きてんのかな」と問う第39作の場面。味わい深いやりとりを思い出しながら赤ペンを握ると……おや、満男の悩みが「大学受験失敗と失恋」とある。たしか受験の結果が分かるのは第41作、恋が描かれるのは第42作からのはず。それに「江戸川の土手を歩きながら」ではなく、柴又駅前での立ち話だった気がする。記憶だけを頼りに直しを入れるわけにはいかず、帰宅後にビデオで確認。職場に連絡すると、無難な記述に直してもらえた。

失敗もある。国内の格差拡大を論じたコラムでは、第7作の冒頭、集団就職へ出発する若者たちを寅さんが励ます場面を引いていた。「青森県津軽地方の駅で汽車を待つ寅さん」。いやいや、津軽に関わりの深い作品だが冒頭シーンは別と訴えると、出稿部デスクはすぐに松竹へ電話してくれ、「新潟の駅」に直って紙面化。そこまではよいが、寅さんに行き先を聞かれ「東京と答える男の子」とあるのは女の子が正解らしいことに、再度鑑賞するまで気がつかなかった。

誤りを防ぐにはと関連書をいくつか手に取るが、その場面について女の子と明記した本も、別の箇所に不正確な記述があったりし、全面的に頼れる資料は少ない。いっそ「アバウトさを容認するところから、寅さんの、えもいわれぬ魅惑の世界は開けてくる」（吉村英夫著『山田洋次と寅さんの世界――困難な時代を見すえた希望の映画論』大月書店）と達観するのも、ファンとしては優れた態度かもしれない。

記念館をかつて訪れた際、解説パネルに所々修正の跡があった。客の指摘でなく自分たちで誤りを見つけては直しているのだというスタッフの話に、背筋が伸びる思いがしたものだ。

ファンとして、職務として。2019年4月のリニューアル部分オープンと12月の第50作公開をどう味わうか、わくわくしながら考えている。

（2019年3月3日　宮城理志）

# 検算し常識と照らし合わす

「言葉」と同じくらい重視されるのが「数字・単位」の校閲です。四則演算はなんとかこなせるので大丈夫だろうと飛び込んだこの世界ですが、残念ながら誤りを見逃してしまったものもあります。

ＮＨＫ文化センター名古屋教室で「校閲記者の『すごい』技術」と題してお話しした際も、「数字・単位」の事例紹介には大勢の方が熱心に耳を傾けてくださり、単に誤字・脱字を直す「校正」と、当たり前のように計算し矛盾点を突く「校閲」の違いに強い関心を持たれたように感じました。実際のケースをいくつかご紹介します。

●A社が廃棄を委託したビーフやチキンの冷凍カツは約60万枚で約７３０トンに上

る。

立ち止まって計算し、さらに「常識」と突き合わせて疑問を持てるかどうかで明暗が分かれます。

730トン＝73万キロですから73万÷60万＝1・2となり、カツ1枚1・2キロということになります。さすがに1・2キロのカツを食べるのは……実は730トンは73トンの誤りだったことが判明し、カツ1枚当たり120グラムと納得のいく数値になります。

●北西部にある多様性に富んだ地形が特徴的なモンタナ州は、米国で4番目、日本とほぼ同じ面積（約38万平方メートル）を誇ります。「～平方」で調べたつもりになっていると見つけられません。日本の面積は約37万8000平方キロ。モンタナ州は約38万平方キロが正しく、この事例のままでは東京・井の頭公園ほどの狭い州になってしまいます。

●儀式に伴う外務省の関連予算は50億8000万円で前回（9億8100万円）に比

べ518％増となった。

まずは50憶→億の誤字に気づかれたでしょうか。さて計算です。50億8000万円÷9億8100万円＝5・18倍＝518％となり、合っているように思えますが、ここに落とし穴があります。5・18倍は518％増ではなく418％増が正解です。繁忙時こそ落ち着いて指摘する冷静さが求められますが、簡単に直せない事例といえるのではないでしょうか。

講座終了後、同じ校閲をしている方から真剣なまなざしで質問がありました。「（数字や単位の問題を含め）力及ばず間違えることがあります。そのあと、どうやって立ち直ったらいいか分からなくて」

「間違えないのが一番ですが、そんな校閲記者に出会ったことはありません。間違えたことを悔しがる気持ちを大切にし、それを次にどう生かし、自分の引き出しをいかに増やしていけるかと考えたらいかがでしょう」。私の答えが正解かどうかは分かりませんが、さわやかな笑顔で何度もうなずかれた姿がとても印象的でした。

（2019年3月31日　渡辺静晴）

## 数え年で7年？　善光寺の不思議

長野市の善光寺では「数え年で7年に1度」、御開帳が行われる。本来、2021年に開催されるはずだったが、新型コロナウイルス感染拡大の影響で1年延期され、2022年に7年ぶりに開催された。

数え年で7年に1度とは、6年に1度のこと。3回前の2003年、御開帳のにぎわいを当時毎日新聞長野支局にいたので取材した。ところで、この「数え年で――」とは変わった言い回しだ。

善光寺の他、長野県内では諏訪大社の伝統行事である御柱祭《おんばしらさい》も「7年に1度」と主催者が表現している。しかし実際は6年に1度。そのまま「7年に1度」と記事にすれば、読者に誤解を与えてしまう。そこで地元報道機関は苦肉の策で「数え年」などと言葉を付け足し報じていた。当時、自分も書き手として、それを踏襲した。

確かに「6年に1度」とすれば分かりやすいが、主催者が伝統的に「7年に1度」を使ってきて、地元ではそれが定着している。初七日、七七日《なななのか》（四十九日）などのように「7」は特別な数字なのだろうし、主催者が発表している以上「7年」の数字を書き手としては尊重したかった。

しかし校閲の立場からすれば、この変な言い回しは見逃せない。数え年とは、生まれた年を1歳とする年齢の数え方で、基本的に人の年齢を数えるときにしか使わない。しかも2022年は「数え年で7年に1度が1年延期され7年ぶりになった」ので、実に分かりにくい状況になってしまった。

数え年は、ゼロの概念がなかった時代の数え方とされ、数え始めの年が1となる。21世紀の始まりも2000年でなく2001年。西暦0年が存在しないからだ。数え始めを含めないゼロの存在は、演算には好都合だが、ゼロがないものを計算する時は、よく考えないと混乱してしまう。たとえば、日本では1階と地下1階の間に0階はないので、地下2階から地上3階まで上ると2＋3ではなく4階分上ることになる。単純計算では求められない。

さて「数え年で7年に1度」問題。「数え年」を使わず、「7年」を生かした他の言い方がないものか。数え始めの年を1として数に含める表現に「〇年目」などの「目」がある。「前回の開催から7年目ごとに行われる」とかにすればいいのだろうか。でも結局分かりづらいし、字数も増える。当時も頭を悩ませたが思いつかず、踏襲して「数え年」を使ったことを思い出した。

「校閲の言い分も分かるが――」と弁解する書き手についつい理解を示し、チェックする立場なのに目をつぶってしまう自分が恥ずかしい。でも結局は、文章は分かりやすいのが一番。年少向けの善光寺の記事では「6年に1度」となった。

（2022年5月29日　高木健一郎）

# 「6月31日」などありえないのに

真梨幸子さんの『6月31日の同窓会』（実業之日本社）が書店で話題を呼んでいる。ありえない日に開かれる同窓会の案内状を受け取った女性たちが次々と亡くなるミステリー。校閲に携わる者としては、こんな存在しないはずの日付に極度に反応してしまう。それは、間違ったまま紙面化した過去の記憶がよみがえるからである。

それは毎日新聞2013年6月27日付夕刊に載ったサッカー・コンフェデレーションズカップの早版記事。地元ブラジルがウルグアイを破って決勝に進出したことを大きく報じている。その最後の段落。

〈準決勝のもう1試合は27日（日本時間28日）、B組1位のスペインとA組2位のイタリアが顔を合わせる。決勝は30日（同31日）〉

私も何気なく読んでしまった。南米とは日付がズレるから現地の「30日」に1日プラスしたところまではよい。しかし考えてみればこれは6月の記事。「31日」では小説のようにミステリーゾーンへ落ちている。誰かが気づいたのだろう、最終版で「同7月1日」と直ったものの、翌日の訂正を見るのがつらかった。

わが阪神タイガースも2011年版の主力選手写真入りカレンダーで11月に「31日」が誤って記載され、球団が公式ホームページにおわびを載せたことがある。西部本社版は「11月に31日は〝ナイガース〟」と遊び見出しで報じ、私のスクラップの一つになった。

ジャーナリスト、斎藤貴男さんの好著『ルポ 改憲潮流』（岩波新書）の初版を読んでいたら、毎日新聞の社説を取り上げた日付が「二〇〇五年九月三十一日」となっていて、さすがにのけぞった。斎藤さんに「八月」の誤植と伝えると「あちゃー」と頭を抱えたが、既に担当編集者も気づいており、増刷時に修正されていた。斎藤さんは「多分、自分が間違えて書いたのだろう、しかしミスプリントかもしれない、なんて頭の中で責任逃れをしつつ編集部に連絡を入れました」と当時の動転ぶりを打ち明けてくれた。

『ルポ　改憲潮流』は増刷を重ねて品切れになった後、安倍政権の急激な改憲の動きに世間の危機感が高まったからか２０１６年に「アンコール復刊」を果たす。著書の内容に斎藤さんは自負をのぞかせつつ、「いつまでもこの本が売れているようでは（世の中）お先真っ暗だという思いも交錯しています」と複雑な心境も吐露した。

国家と国民の関係がどう変えられようとしているのか、そして自衛隊が「軍」として米国の世界戦略の一部に組み込まれていく恐れを早くから指摘していた同書。のけぞるのは、間違った日付にではなく、立憲主義を破壊する改憲論者たちに向けるべきだったのかと、私は読後、思い直している。

（２０１９年8月18・25日　林田英明）

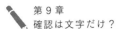

# 誰もが見やすい色を使う社会に

クイズの校閲をすることがあります。迷路の問題があると、自分で試したうえで正解と突き合わせます。おや、違うぞ。繰り返し確かめましたが、やはり正解とは別の行き方があります。それを発見して一仕事終えたつもりになりかけましたが、まずいのはそれだけではありませんでした。

迷路の背景にいくつかの色が配され、できるだけ多く色を変えたルートを通るという条件だったのですが、濃い緑と赤が隣り合っているところがあったのです。少し前、サッカーのユニホームで赤と緑のチームが対戦し、色の区別がつきにくい人への配慮が欠けると批判されたという記事もありました。これは区別できない人がいるのではないかと疑問を呈し、結局、緑は薄い灰色になりました。

しかし、色の区別ができにくいのは、緑と赤だけとは限らないそうです。変えた

色が適切だったのか分からず、一抹の不安が残りました。

ところで、ここで私は「色の区別がつきにくい人」などと記してみました。かつて「色盲」「色弱」「色覚異常」などさまざまな名称がありましたが、今の毎日新聞では避けています。「色覚障害」は使えますが、これも障害ではなく不適切という意見が出ています。では、どう書けばいいのでしょう。

２０１７年に日本遺伝学会は「色覚多様性」という語を提唱しました。確かに、男性の20人に1人ともいわれる色覚の人を異常とするのは、たとえば同性愛者を異常とはいえないように、適切とはいえない表現です。

しかし、たとえば赤と緑が区別できない人を「色覚多様性の人」とはいえませんね。この用語は全体的な概念を示したもので、個別の事例には使えません。個別にはD型色覚とかP型色覚とか言い方があるのですが、分かりにくさは否めません。また「性的少数者」に倣えば「色覚少数者」という案もありそうですが、色の見え方は多様で連続しており、少数派と多数派の線引きは難しいようです。

さて最近、職場のスマートフォンで「色のシミュレータ」というアプリが使えるようになりました。これはスマホを通して4タイプの見え方が表示される無料の優れ物。その直後に別のクイズで、緑から赤などへの色の変化がヒントになっている原稿が出てきました。早速、アプリを起動して画面を見ると、色の変化が全く分からない見え方があることが確認できました。原稿は差し替えに。

用語も重要ですが、色の区別がつきにくい人の身になって、見え方の障害を取り除くことで、誰もが見やすい色を使う社会になれば、見え方の名称を分ける必要性も低くなるはず。ささやかながら校閲も、その一助を担うことができるのです。

（2021年5月30日　岩佐義樹）

# あとがき

『サンデー毎日』連載コラム「校閲至極」は、2018年6月10日発行号の「河野悦子よ、なぜスルー」から始まりました。

タイトルを考えるにあたって頭にあったのは、校閲という職業の名を高からしめたドラマの主人公「河野悦子」の名前です。これは「コウ（ノ）エツ（コ）」と「校閲」が引っ掛けられた氏名です。また、以前に毎日新聞で「校閲の悦楽」という連載コラムがありましたが、校閲とは人の間違いを見つけて「悦」に入るような仕事というよりは、間違いを見逃して「恐れ」を抱く方が多いという個人的な気持ちもありました。

そこで「恐」と「えつ」が結びつき「恐悦至極」という四字熟語へと連想が働いた末に、「校閲至極」という題名に至ったのです。本書の35ページには、校の字に

## あとがき

「きょう」という読みもあったので「校閲」は「きょうえつ」とも読んだことが書かれていますが、タイトルを思いついたときには頭にありませんでした。思わぬところで語呂合わせが発生するのが、日本語の面白さです。

連載スタート当初は「1年続けば御の字」程度に思っていましたが、２０２３年夏に丸5年となり、秋には通算２５０回を迎えます。そして今回ついに書籍化。これも皆様のご愛読のたまもので、恐悦至極に存じます。

連載を長く続けていると、往々にして「この話題は以前にもやった」という「ネタかぶり」が発生しますが、事前の調整はほとんどしないのに、同一テーマになることは全くと言っていいほどありませんでした。これは新聞の校閲が無限の事象をチェックしていることの表れだと思います。それとともに、各執筆者の個性や趣味が、あるときはチラリ、あるときはヌッと出ることが、校閲という黒衣《くろご》にも思える仕事に多様な色を与え、一人一人の体温が伝わる校閲を描き出してきたからではないでしょうか。

もちろん、日本語の誤字や不適切表記に毎日直面している職場ならではの話題もふんだんにあります。ただし、高みから誤りを切り捨てるのではなく、その誤りが発生する現場の感覚や、正解のない問題にあがき続ける姿を伝えることを重視したつもりです。そうすることで、よくあるマニュアル本とは一線を画する読み物になったと思います。

筆者の名前と毎日新聞校閲センターとしての勤務場所（雑誌掲載当時）を掲げます。本書の登場順ですが、雑誌の掲載順とは一致しません。

林田英明（大阪）、岩佐義樹（東京）、渡辺静晴（東京）、坂上亘（東京）、山中真由美（東京）、水上由布（大阪）、上田泰嗣（東京）、中村和希（東京）、新野信（大阪→東京）、大木達也（東京）、岡本隆一（東京）、平山泉（東京）、湯浅悠紀（東京）、山本武史（東京）、浜田和子（東京）、久野映（東京）、高島哲之（大阪）、塩川まりこ（東京）、薄奈緒美（東京）、宮城理志（東京）、高木健一郎（東京）

最後になりましたが、118ページと帯に登場してくださった作家の逢坂剛さん、デザイナーの山影麻奈さん、毎日新聞出版の峯晴子さん、『サンデー毎日』の最初の担当だった堀和世さん、現担当の山下崇さんにあつくお礼申し上げます。至らぬところも極めて多いのですが、少しでも読者の皆様に参考にしていただければ満悦至極です。

2023年7月

毎日新聞校閲センター　岩佐義樹

ブックデザイン……山影麻奈
編集協力…………阿部えり
ＤＴＰ…………センターメディア

【著者紹介】

## 毎日新聞校閲センター

2023年現在、東京本社に東京グループ、大阪本社に大阪グループと分かれ、新聞校閲作業を分担している。校閲部→編集総センター校閲グループ→校閲センターと名称変更を経たが、その間、紙面やウェブサイト「毎日ことば」（現・毎日ことばplus）、雑誌など多様な媒体で情報を発信。ツイッターのフォロワーは11万を超える（2023年7月現在）。著書に『新聞に見る日本語の大疑問』『読めば読むほど』（以上東京書籍）、『校閲記者の目 あらゆるミスを見逃さないプロの技術』（毎日新聞出版）。2023年に始めたオンライン講座「校閲力講座」も好評。

毎日新聞東京本社の校閲職場＝2023年6月、高橋勝視撮影

校閲至極《こうえつしごく》

第1刷 ………… 2023年 8 月30日
第2刷 ………… 2023年10月 5 日

著　者 ………… 毎日新聞校閲《まいにちしんぶんこうえつ》センター
発行人 ………… 小島明日奈
発行所 ………… 毎日新聞出版
〒102-0074
東京都千代田区九段南1-6-17　千代田会館5階
営業本部：03（6265）6941
図書第二編集部：03（6265）6746

印刷・製本 …… 中央精版印刷


ISBN978-4-620-32787-7

JASRAC 出 2304923-302
NexTone PB000053996号